ここまでわかった 高次元世界

木村忠孝

たま出版

はじめに

本書は、私たちが日常見たり、聞いたり、触れたりしている物的次元＝三次元と、目に見えない世界＝非物質的世界＝高次元について対比的に捉え、各次元についての情報を提供するものです。同時にそのことを通して私たちがいったいどこから来て、なにを目指し、どこに行こうとしているのかの一端を明らかにせんとするものでもあります。

高次元の世界は一言でいえば、おとぎ話の世界、魔法の世界のようです。おとぎ話の中にあるような世界が実際存在します。おとぎ話は、高次元界からのインスピレーションを得て書かれたものですから、高次元界の内容を反映した内容になっているのは至極当然なことといえるでしょう。

実は、高次元世界こそが私たちの故郷なのです。高次元で光の生命体として生まれついた私たちは、さらなる体験を求めてこの地球の物的次元にほんの一時訪れて生活していますが、高次元と物的次元の周波数の違いによりそのことが記憶に昇ってこないだけです。

それはまた、あなたの意識の90％以上が無意識であるのと同じように、宇宙の90％以上が目には見えないのですから無理からぬことでもあります。

人はこの世しかないと思えば、執着が生まれ、虚無的になり、生きることの意味を失って、刹那的に、うつ的になりがちです。

そこで本書は、あなた方の中にある記憶を呼び覚まし、思い出すための情報を提供していきます。この情報は何も特別なものではなく、高次元世界においてはほんの常識、一般社会通念です。それを自分自身に取り込んで今後心の新しい座標軸となればと思います。それこそが結果的にこの世界に光をもたらすことにもなるでしょう。新しい情報に心を開いて、この世でのいわば社会通念、常識を一時脇において読み進んでください。その後で自分の抱く先入観、固定観念、ただの思い付き、鵜呑み、決めつけを洗い直すことをお勧めします。

そうすると、いかに今まで意識が小さな箱の中に閉じ込められていたかわかってくると思います。自らが光の意識生命体であること、多次元的存在であることを受け入れ、人は皆そうであると認識すれば、今までよりも格段に高いところからの視点を獲得できることでしょう。それを糧として波動を高め、充実した人生にしてほしく思います。

二〇二二年　秋

〔目　次〕

第一章　高次元と物的次元の比較表

地球のすべての国を旅するとした場合、**高次元**でいえば、超光速で一瞬のうちに回ってしまう、しかしその旅の内容はすべてつぶさに思い出すという趣のものとなります。**物的次元**においては、歩いて一つずつの国を訪れ、経験を重ね、何年もの時間をかけて巡る旅です。その間、旅費をいろいろな仕事に従事しながら稼がないといけません。途中、命の危険を感じたり、事故に遭ったり、病気をすることも、腹がすいて仕方がないときに運よくお金持ちの邸宅に招待されて豪華な食事にありつくこともあるでしょう。偶然河で溺れかかっている子供を発見して、飛び込んで救って感謝されることも、空腹のあまり万引きをして留置場に入ることもあるかもしれません。また、多くの国の人と友達になったりして、スリリングで、刺激的で、大変だけど面白い、そんな物的次元での旅の途中に私たちはいます。

旅の道中、なぜこんな旅をしているのだろうか、いったい何の意味があるのだろうか、自分に何の価値があるのだろうかと自問自答し、自分のことが嫌になることも、先行きのことが全くわからないので不安に襲われることも度々あるはずです。いったい何故にこんな旅をすることになったのか、それまでの自分に何の問題があったのかといろいろと思い悩みます。物的次元の旅は、そのように時間をかけて自己を見つめる旅でもあります。

実は、すべての国を旅するのが目的ではなく、旅をすることそれ自体が目的なのです。というのも、この次元の日々というのは、高次元にいるときの自分とは違う角度から自分を見つめ直す、新たな自分を創造し、そして本来の自分を思い出すためのものだからです。そのためにあらゆる経験をすること、それを目指す旅となっています。

この世ではありとあらゆる経験ができるということから、この世に生まれてきたわけですから、できるだけ多様な経験をした人生が望ましいわけです。実際に経験することで初めて物事を理解することができるからです。

輪廻転生の旅をこの地球の物的次元で何度もしてきました。その結果、この世的な考え、時間感覚、固定観念、知覚パターンが意識深く浸透し、高次元に光の生命体として存在していたこと、高次元こそが故郷で、自分の意思でこの世にいることなど忘れてしまったのです。

次の表は、高次元と物的次元のことを対比的に記したものです。本書は表の内容を順次説明したものとなっており、本来の姿を思い出す糧や契機になればと思います。

高次元と物的次元の対比表

高次元　（五次元以上）	**物的次元　（三次元～四次元の下層）**
高振動	低振動
時間を外から見ているために、過去、未来、現在が同時に見える	一方向に流れる、過去現在未来と直線的時間軸
一瞬	何十億年
ワンネス	二元性、双極性
無限の光速（タキオン）	物的光、光速三〇万km／sec
実体、現実	仮想現実、舞台映像、並行現実
魂の世界五～十次元　光の身体	肉体の世界
すべては同時に存在	時間に沿って存在

活動的、精妙、鋭敏	固定的、鈍重
低密度	高密度
すべては瞬時	時間がかかる、空間が隔てる、過程がある
人間の故郷	次元降下した世界
設計者　デザイナー	体験する人
物理的制限を受けない	物理的制限、分離
愛と光	愛憎、二元性
多くの次元、時間軸に同時に存在	一人の肉体としての人間
思念、想念により瞬時に創造	制限、分離、限界あり時間がかかる
休むことなく活動、光エネルギーの吸収、睡眠なし、食事の必要なし	食事、睡眠の必要あり
病気、災害なし	病気、災害あり
人生ドラマの脚本制作	ドラマへの主演者、演出家

大いなる自己、魂、はるかに大きな自己感覚　一度にすべて見通す	自我、限定された小さな現実、自己感覚、現実の事務的対応、現実検討能力
十二本の活性化されたＤＮＡ	二本の活性化されたＤＮＡ
テレパシー能力	言語能力の発達
栄養はプラーナ	物的な栄養物
自己を自由に変える能力	次第に老いる肉体
自分の寿命を変える	予定されたほぼ決まった寿命
脳の利用率九〇～一〇〇％	脳の利用率八～一〇％
寿命五〇〇年から二～三万年	寿命四〇～一〇〇年
身長三～三・六ｍ	身長一・五～一・八ｍ

さて、この表の内容に具体的に入る前に　大多数の人にとって関心のあるはずのこと、肉体の死後自分はどうなるのか、死後の生命はあるのかについて説明することから始めましょう。この話を端緒に、物的次元に生きる私たちからすれば高次元世界がいかにおとぎ話のような、また光輝く生命にあふれた世界であるかが次第にわかってくると思います。また、高次元世界を知って初めて、宇宙が多次元的世界であり、この物的世界がいかなる世界で、いかに特殊な世界であるかを納得していただけるのではないかと期待しています。

第二章　死直後の世界

生誕前の準備

この世の通常の認識では、私たちはこの世、三次元世界＝物的世界に受精卵が発達して誕生し、肉体の死とともに土に帰る、唯の物的存在であると多くの人がイメージを抱いています。そこには何の意味もなく、偶然にある特定の両親、環境のもとに生誕し、そして生まれながらにしてラッキーとアンラッキーがあるのだと。しかし実相はこの物的世界に生まれ落ちるのには多くの準備が必要だったのです。それは魂レベルで行われることで、生誕前にどういった人生を送るのかという大まかなアウトラインを設定しています。つまり人生の脚本、台本を描いてから生まれてきているわけです。このことは多くの人にとって驚きでしょう。

台本の中には、誕生日、時刻、性別、両親の選択と同意、生活環境に加え、人生で取り

組むテーマや自分が克服、対応できる程度の課題や試練が含まれます。どのような試練とするのかは転生の過程で積み重ねられた不調和や脆弱な点、課題として成しえなかったこと等を考慮に入れるのです。

　肉体の死を迎える時期も大まかな予定があり、意識にプログラムされていて、その時期が来ると、病気などで身体を解体し始めます。魂の意図に反して亡くなるということはありません。大まかな筋書きの台本なので多少の変更、修正はもちろん可能ですが、人生のテーマ、課題については一貫性を保ちます。

　人生の本来の学習コース、課題に立ち向かわずに大きく道を踏み外した人ももちろん多くいます。安易な方向に流れ流れて、いつしか八方塞がりの袋小路に入るケースですが、そういう人の場合、また同様の時代に生まれ変わり、再び同じ課題に取り組むことも可能です。何度も何度も同じ時代に生まれ変わり、三次元の物質漬けとなっている人もいるのです。というのも、時間はビデオテープのように再生可能なので、同じ時代にまた生まれることができるのです。このことについては時間の章で詳述していきます。

　この物的次元での体験をするためには、まず肉体が必要です。肉体があるがためにこの世に繋がれていることになります。肉体と光の身体をつなぐ銀色のコードがありますが、このコードはゲル状のプラズマでできていて、驚異的な伸縮性を持っています。このコードが切れるとき、肉体に死が訪れます。もちろん、このプラズマは主に無数の電子からできており、目には見えません。

この物的次元での生活に適応するためには健全な自我も必須のものです。自我の機能なしにはこの現実で普通の生活をすることはできません。というのも、自我は現実検討能力、諸般の事務処理能力を持つからです。それなしには現実と幻想、妄想の区別もつかなくなり、混乱した現実感覚、自己感覚しか持てなくなります。そのために魂の一部の振動数を落として自我をつくり出しました。つまり、魂の物的次元限定の精神機能、出先機関ともいうべき機能を自我に持たせたのですが、これは魂に比べて著しく機能が制限されたものであり、あくまでも魂の助手としての働きをするものです。そして、物的次元に直線的時間軸という、過去、現在、未来という一方向にのみ流れる時間感覚という錯覚を自我の中につくりました。この時間感覚はあまたの数の並行現実を移動することで生まれるものですが、これについても後の章にて詳述します。

私たちは、受精卵が生育して生物学的に何らの脈絡もなく偶然に意味もなくこの世に放り込まれた存在ではありません。**私たちの人生は、時代背景、台本の指定する舞台まで計画立案されたものです。**私たちはその舞台にリハーサルなしに主演で登場する、自作自演の俳優です。主演となりその役を演じきることで、諸々の経験をして、多くのことを学ぶ

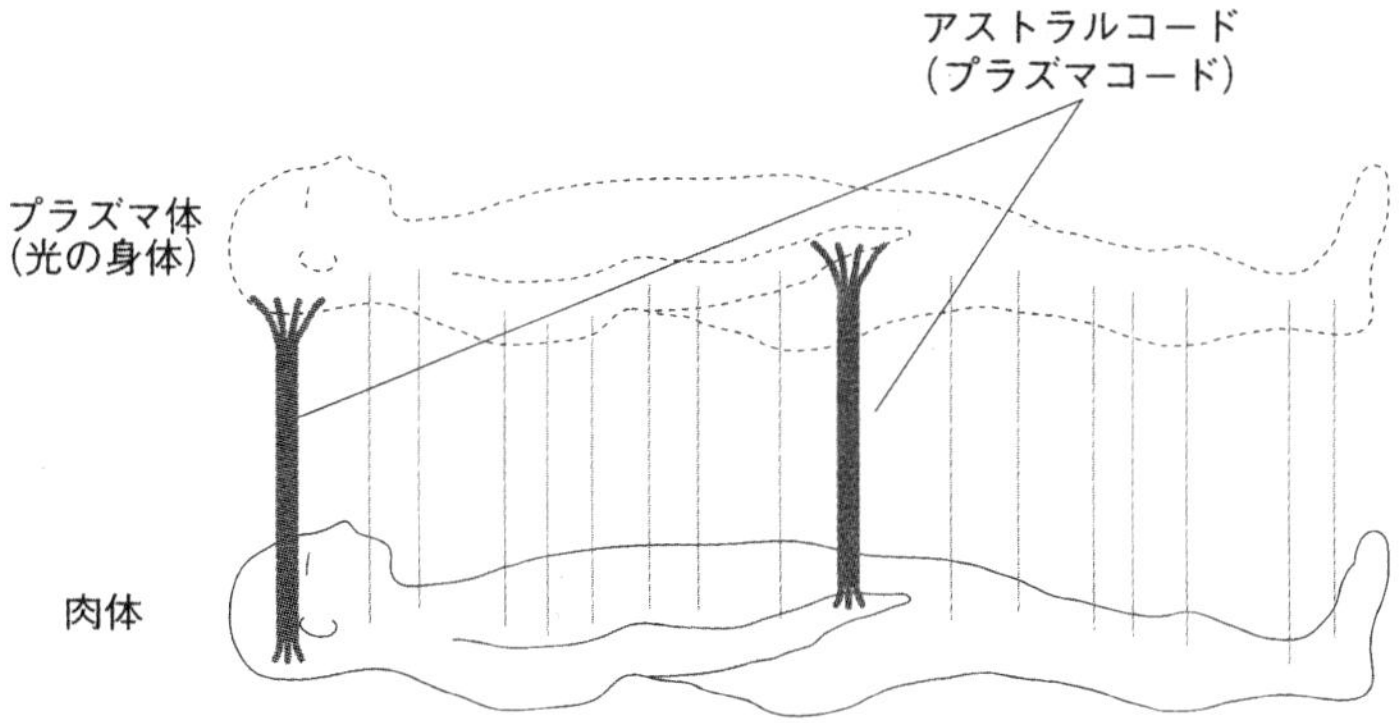

（図１）肉体・プラズマ体との連結コード

舞台が今あなたのいる環境です。

　私たちの肉体ですが、その感覚（五感）、神経回路というのはこの物的次元の現実のみに意識の焦点を合わせるべく、活動範囲を狭めることが強要されたもので、この物的次元以外の広大な多次元の世界、高次元の世界は遮断され、感じにくい機能となっています。つまり、肉体の神経系統は魂や高次の広大な世界を認識する能力を覆う偽装、カモフラージュとしての人工構造物、機能となっているのです。

　私たちの視力も、宇宙内存在の１％にも満たないものしか見えていません。ピアノでいえば、八十八ある鍵盤のうちの一つの鍵盤の出す音しか聞いたことがないのと同じ状態にあるのです。

　また、なぜこの世に誕生する時間が大事であるかといいますと、誕生時のこの物的次元の電磁的周波数が肉体の細胞のDNAに刷り込まれることで、性格が結晶化するように形成され、運勢も含めた人生全般の青写真がプログラミングされるからです。誕生時の星々の幾何学的配列が形成する特定のエネルギー状態が、肉体細胞のDNAにプログラミングされることは、占星術の科学性、重要性をあらためて認識させます。

魂の世界、すべてが見渡せる世界から三次元＝物的次元という時間と空間がつくり出す新しい枠組みの中へ、自分の大いなる部分を高次元の世界に残して、いまこの世にいるのが私たちです。

この高密度、低振動の物的次元に誕生するということは、大いなる挑戦・冒険の旅であり、私たちは一大決意と希望を持って生まれてきたのです

死直後の体験

本当に肉体の死後も生きつづけるのだろうか。そのあと自分はどうなってしまうのだろうか。大半の人は不安や恐怖を覚えます。死というのは、自然現象の一つであり、苦痛を伴わないプロセスですので、これから記述することを理解されれば、不安や恐怖からかなり解放されるのではないでしょうか。ただし、事故や犯罪による急死の場合は精神的にシ

ョックが残りますが、そのことについても後で触れます。

肉体の死の瞬間は、この世に誕生する際のショックに比べればもっと自然で、毎日眠りにつくのと同じです。死んでも、かなり多くの人が死んだことがわからないほどですから。普通の善良な人の場合、簡潔にいえば、死後はそれぞれの道を辿って、とりあえず自分の周波数に一致した次元、環境に落ち着くことになります。その過程においては高次元の波動に合わない固定観念、先入観、この世の物や人に対する執着すべて取り除かなくてはなりません。

人は死後、紆余曲折を経て次第により高次元の世界に行くわけですが、それぞれの高次元にはすでに高次元の存在になっている自分がいるのです（このことは本当に信じられないことでしょうが、どうしてこのようなことが起きるのかは後の章にて説明します）。ゆくゆくはその高次元の自分にシフトすることとなり、高次元になればなるほどその過程は加速されていきます。

最初に明言しますが、どんなに惨たらしい亡くなり方や、生前どんな病気であっても、光の身体の中のプラーナ体にある本来の健全な健康体の記憶に基づき、死後すぐに健康な光の身体を持つことができます。生前に身体障害がある人も、それが遺伝性、後天性であろうと、また事故や病気でかなり傷んだ状態でも、同様に四体満足な健康体になるのです。

覚醒の遅いケース

生前、永続的な生命と世界があることなど、少しも考えたことがない人、世俗的、物的意識が濃厚で、高次元世界の真実を受け入れる心の態勢が整っていない人などは、死んだことにも気がつきません。死後も物的波動が濃厚なため、高次元界にいる人の姿も、振動数の違いにより見えないのです。死後、物的視力からプラズマ体の視力＝電磁波の視力が覚醒しますので、肉体的感覚も失われ、物的環境はおぼろげにしか見えなくなります。その反対に、高次元にいる人々、先に亡くなった家族、友人、指導的、守護的な役割を果たしてきた高次元の存在のほうが、より鮮明に、はっきりと知覚できるようになるのです。周囲の環境が、地上に比べ、色彩に富み、光輝いて、活き活きとして、すべてが様々な光を放っているのを見出すでしょう。周囲の物的な環境や人々も一気に幕が下りるように視界から消えます。

高次元への準備がまだ十分になされていない場合は、プラズマ体と肉体の視力の中間層にいるため、元の地上界の人々や身の回りのものは見えますが、高次元の環境のものは見えておらず、地上の人々や壁もすり抜け、この世の人に話しかけても、この世の人には見えない、聞こえないために相手にされません。しかしそういう状態は長くは続かず、高次元世界に慣れてくるにつれて、プラズマ体本来の視力への転換がなされ、今度は地上界の人や物が見えなくなります。死という振動数の変化につれて知覚の内容、働きも変化するからです。

四次元世界の下層界はこの世の写しのようになっています。もしそうでなかったら死後、精神的混乱、ショックを招いてしまうので、順次、高次元世界の環境に慣らすためにそういう配慮がなされているのです。高次元界に段階的に慣れ親しみ、円滑に、意識的向上につれてより上層界に入っていけるようにセットされています。このためもあって、死んだことに気づかない人が多数いることになるのです。高次元界にいるのだ、自分はもう死んだんだ、という自覚がないのは、いわば目隠しをされたままの状態と同じです。

生前の記憶の幻影を実相と区別できずにいる人もいます。自殺して死んだはずなのに、まだ生きていると思って自殺行為を繰り返す人、死んだ後もまだ戦闘行為を繰り返す戦士もいます。そのうち、どうも様子が変だ、同じことを無意味に繰り返している、戦闘で殺したはずの相手が全然死んでいない、自殺したはずがまだ生きている、この世の人に話しかけても全く相手にされない、人や物をすり抜けてしまう等、そういう気づきが心の明かりとなり、周囲の環境がよく見えてくるようになります。これが高次元の実相理解の第一歩です。

特に自殺した人の場合、再び同様の時代、環境に生まれ変わり、自分を自殺にいざなったのと似たような境遇に置かれることとなります、今後は自殺という対処ではなく、その事態を克服する、他の方法で乗り越えるという形での解決を図るべく、やり直しという選択がなされます。それは何も罰や贖罪というのではなく、また他からの強制ということでもなく、あくまでも魂レベルでの選択です。自分がより成長するために自分を試すことを選んでいるのです。この世の出来事は一つの映画のようなもので、巻き戻しも早送りも、一旦停止も可能ですから、どんな時代の舞台へもまた入っていけるため、このようなことが可能なのです（このことも後の時間の章にて詳述します）。

覚醒の遅いケースの場合には、高次元界の真理に対する無知、感受性の欠如、固定観念のゆえに光の身体＝プラズマ体の振動数も低く、環境は本来の明るさではなく、何か靄がかかったような環境での生活が始まります。物的波動にしか反応せず、高次元の波動を感知できずにいます。関心、興味の焦点がずれているからです。自覚、例えば外界ではなく自分の内面に問題があることに気づき始める、また永続的な生命、世界が現に存在することに気がつき始めるまではそのような環境にいます。自覚が芽生え、意識が本格的に真理に向くまでは、本来の光は本格的には射し込みません。真理に対する受容、理解がいかに大切であるか、このことからもわかります。

高次元についての理解があまりなく、また精神的浄化が進んでいないケースも死後なかなか意識が覚醒しません。そのために自覚を促す波動エネルギーに包まれて、長い休憩、眠りにも似た休息の時が必要となります。高次元界にも適応できず、また元の世界に帰ることもできない宙ぶらりんの状態にいる人のために、四次元の下層界には**中間帯**とでもいう階層が設けられています。振動数や環境の急激な変化のために波動調整が十分にできていない者、精神的混乱をきたしている者に対しては中間帯を設け高次元の世界に円滑に順応できるようにしています。中間帯は一時の休憩、休息、介護が必要な人のための施設であり、プラズマ体のケア、医学的関与がなされるところを意味します。

心身にショックを受けながら（銃撃、事故、急死等）即死したか、昏睡状態のまま亡くなった人たちは、急に肉体からプラズマ体が飛び出して、肉体に戻れない状態のまま死に至ったのです。自分の身に何が起きたかわからないので動揺します。通常、睡眠時にはプラズマ体は肉体を離れ、肉体に戻ろうとすれば、プラズマ体の振動数を下げて戻ることができます。急に起きた事故、災害により即死、また昏睡状態になったまま意識が回復せず亡くなった場合、無理やりプラズマ体が肉体から離れたことにより肉体との正常な機能が破壊されたため、いくら戻ろうとしても戻れません。不可能な場合には、魂レベルの決断で、プラズマ体と肉体との完全離脱を図るのです。戦争や災害時は一度に大勢の人が何の精神的準備もないままに、四次元に送られてきますが、大半が死後の世界に無知であり、誤った教義体系や偏見、固定観念を抱いたまま、大挙して四次元の住民になります。そのため高次元の人たちはその対応に追われ、忙しい時を迎えます。

即死または事故による脳損傷などのようなケースは、心身が受けたショック状態から、液体プラズマレベルにも後遺症があります。死後も意識が回復しないために、高次元世界の施設＝中間帯にて意識の回復を促す波動調整の働きのある光に包まれながら介護されます。それはショックの後遺症であり、永続的にプラズマ体が損傷を受けるのではありません。完全に回復します。

ある人が地球上のどこにいようとその存在は認知されており、一人の漏れなく、一人たりとも忘れ去られることもなく、適切な処置が施されるように高次元世界はシステム化されています。これは高次元世界があなた自身よりもあなたのことをより深いレベルで知っているからこそできることです。

安心してください。再確認しておきますが、誰一人として捨て置かれたり、無視されたり、亡くなっていることを見いだされないままいることはありません。一人ひとりに対して適切な配慮、対応、手配がなされます。本当に驚くべきシステムといわねばなりません。

覚醒がすぐに進むケース

生前よりある程度心の浄化がなされ、この世の物的なものより精神的なことの重要性を見出している人、心の浄化を図っている人は、覚醒が早く進みます。ここでいう心の浄化とは、エゴや我執をなくそうと事あるごとに自分にいい聞かせるような、いわば精神的な研磨から得られるものであり、どういう宗派に入ったとか、特定の信仰をしたとかは全く関係がありません。選民意識を抱かせる教団もありますが全く無意味です。物的次元の執着が希薄になっている人は死後の覚醒も早く、すぐに新しい生活がはじまります。一般的にいって、市井の善良な人々はこの経過をたどることになります。

死後の迎え

死後しばらくして目が覚め、自覚が芽生えるとともに、明るい光が射し込むようになります。そしてやっと援助の手を差し伸べることができる段階となるのです。それと同時に、友人、兄弟、両親が地上にいる時親しくしていたころの姿となってあなたを迎えに来ています。本来の姿では時間が経過しているためにわからないからです。あなたを長年守護、指導してきた高次元の聖霊も来ています。それらの人の姿を見出し、歓喜の時を迎えることでしょう。

　精神的によく進化した人の場合には、死後すぐに、自分の身辺に親しくしていた人々を見出し、お祝い、喜びの瞬間となります。地上では重苦しい雰囲気で死を悼んでいるときに、高次元では大歓迎の祝い事となっているのです。地上でのお見送りは高次元でのお迎えとなります。迎えに来た人たちはまたの再会を約し、各自の階層に帰っていきます。そして当人はそれぞれ一時の波動調整期間を経て、自分に適合した階層での生活が始まります。そこにはまだ生前より抱いていた悩み、心配事、思考の癖、愛着の念、未学習、誤学習の領域等、多種多様の課題があり、少しずつ浄化、解放してゆかねばなりません。光り輝く喜びと安らぎに満ちた存在になっていくためのものです。

　当然のことながら、生前に培った精神性、愛、奉仕の行為に応じて、迎えの様子もそれぞれ異なる趣がありましょう。聖霊に囲まれ、祝いの迎えもあれば、一人の迎えもなく灰色の大気の環境の下で、孤影を映すばかりの悄然とした者、また以前より意識せずに好（よしみ）を通じていた邪霊に取り囲まれる者もいるでしょう。生前と同じ生業が繰り返されることとなってしまうのです。また、迎えに来た人が横たわった当人の死体のところに連れていき、すでに地上の世界ではなくあの世に来ていることを教えることもあります。

この宇宙において、愛ほど強力な引力はありません。愛情で深く精神的に結びついている間柄の場合、相手は目には見えなくても、決して離れ離れになってわからなくなることはありません。高次元世界において、空間的距離はなきに等しいもので、**精神的距離こそが本当の意味での距離**となる世界です。愛する者たちはいつもあなたと一緒であり、臨終の床にある時には、死期をあなたよりも先に察して、その時期が到来すると集まって待機しています。あなたが地球上のどこにいようと全く問題ではないのです。ただし、生前夫婦や恋人だった者と死後すぐに生活を共にすることができるかといえば、そうはいきません。二人が同じ波動帯レベルになり、肉体的欲求を完全に昇華させた精神状態にまでに至らないと一緒の生活は許可されていません。個別の精神的鍛練のほうが先なのです。それに、そもそも高次元になるほど肉体的欲求の対象になる体のつくりにはなってはいません。また、生前かわいがっていたペットも迎えに来るように手配されます。ペットと主人との間の愛着が相手を引き付けるためです。

あの世においては、疑問があれば基本的には自分でその答えを、進むべき方向を見出していかなくてはなりません。ほかの人より教えてもらうのではなく、自分自身の中に真実を感じ身につけていくのです。自分の疑問には常に自問自答し、自分で解答を見出すということが義務づけられています。一方、高次元の存在はそれを放置しているのかといえば、決してそうではなく、心の波動で相手の意識に働きかけ、その無意識のささやきを踏み台にして、自分の中で解答が出せるようにしてくれています。やがては必ず自分の中に正しい答えを見つけることを、たとえ当初は歯がゆいほど遅い、よろけながらの歩みであっても、真理への理解が深まるにつれ、その歩みは加速度的に速くなっていくことを知っているのです。長い視野に立って着実に成長するよう、配慮が行き届いています。まさに**天は自らを助けるものを助ける仕組み**となっているのです

　真実を体得していくにつれ、振動数が上昇し光明が差しこんできます。そうして、生前から後生大事に抱えこんでいた先入観、固定観念、執着し、心煩わせていたものなどが、実はどうでもよかったことであったと気がつき、真実なるもの、愛の波動を持つもののみが残り、それが一層強力になっていくのです。

高次元の階層について

　この世においては、知的、精神的、道徳的に異なる人々が混在して生活しています。これはこの三次元世界の特徴で、高次元世界においては同じ質の人で階層をつくっています。

あるレベルの周波数帯が、違う周波数帯と物理的に混在できないからです。肉体の死後は、それらの発達程度、親和性に応じて、各々にふさわしい境涯に赴き、生活することになります。人生の中で培われた発達度に応じて、共鳴、感応する波長は次第に一定してきます。それが適合する世界を決定づけるのです。

自分の振動数より高い振動数の階層には行けません。振動数の違い、波動の質の違いのため近寄っても跳ね返されます。高い階層の人はより低い階層にも行けますが、その逆はできません。あなたが一緒に生活し、交流するのは、あなたと同じレベルの進化度、同質の精神構造の者に限られるということになります。低い次元にいる人もいつかは高い次元に移りますが、その間何度も地球の三次元世界に生まれてきました。これは自分自身の魂次元の選択であり、他からの強制であることはありません。それぞれそこに住む人の個性の違いはもちろんありますが、その階層の織り成す精神的波動の質の均一性のゆえに、一つの世界が成り立つのです。この世は光と闇が混ざって存在していますが、高次元にあっては、光は光、闇は闇として存在し、決して混じることはありません。

高次元にはその世界を特徴つける役割、機能、法則があります。この地上界の地位、富、宗教、人種などは、高次元の行先とは何の関係もありません。これらは高次元に行くための成長、進化に証明、認可を与えるものではないからです。精神の質のみが問われ、そういう意味では厳しい世界ともいえるでしょう。その質が物理的には、光輝、オーラの色彩、放たれる波長、振動数として表現され、現象化するために隠しようがないのです。

上層界に行くほど活き活きとしており、繊細で高エネルギーの光と色彩にあふれる世界となります。その光は、安らぎ、喜び、静寂、神聖さを感じさせ、また浄化する力を持っています。また、深奥の知識、英知の発信媒体でもあり、下層の世界に向けて放射され、まさに光明の世界です。

あの世は静寂無垢で、理想郷のようにあまりにも神聖化して話をする人もいますが、実はそうでない面もあります。この世にても様々な思想、信条、親和性により多くの集団形成がなされ、いろいろな人間模様があるように、特に四次元の下層界は全体から見ると玉石混合の世界です。知的に秀でても情緒発達の乏しい人、感受性の鈍い、人の痛みに鈍感な人、我執にまみれて生きる人、邪念をもって生きる人等が存在しています。また、高次元の四次元下層界以外でも、多種多層の世界があり、振動数の高低、違いにはかなりのバリエーションがあります。

これら四次元の下層界の大気は上層界に比べて光に乏しく、創造性、活気に欠け、惰性的で陰湿な雰囲気を漂わせています。この世に対する執着から、あの世にいてもこの世に引き付けられ、引き留められている者も数多くいます。地上に舞い戻ることを切望する者、特に向上への意欲なく、無味乾燥な惰性の毎日を送る者、高次元には高次元としての機能、真理、法則がありますが、そのことに全く無頓着な者、物的感覚が強く物質を離れて物事が考えられない者、物質に精神が圧倒されている者、地上に残してきた家族への心配、情愛のために心の安らぎのない者、享楽的な人生を送った者、肉体の情欲が精神を圧倒している者、無為で創造性に乏しい人生を送り貴重な時間を浪費した者、諸々の原因で高次元への道を歩む準備のできていない者が数えきれないほどいるのです。

これら下層界を構成する人は程度の差こそあれ高次元の真理に無知で、地上時代にしみ込んだ観念、思考パターン、習慣が抜けません。四次元下層はこの地上と環境がそっくりなので、一層保持されやすい、変えづらいということもあるでしょう。しかし、そのうち地上界との違い、無意味なことを繰り返していることに気づき、自覚が芽生えると、少しずつ上の界に向かって歩んでいくことになります。無知、迷信、先入観、偏見等、自らを閉じ込めていた厚い殻の割れ目から次第に光が射し込んでくるのです。**内なる自覚、覚醒なしにはどのような真理もその壁を貫きとおすことはできません。**牛歩のような歩みであっても、内なる自覚、覚醒がまず必要です。より多くの真理、法則を学び、我執が少なくなるにつれ、周囲の環境もめっきり明るくなり、さらなる知識、情報にアクセスできるようになります。

高次元の聖霊はある人の現状のみを見て、人を評価することは決してされません。人の成長の歩みはとても遅く、それぞれの段階に応じた課題があることを熟知されています。そして、常に長期的視野に立って、自分が表に出ることはなく、常にその人の背後にあって精神的な成長に必要なレッスンを手配されます。その人が何を欲しているのか、それは充分承知されていますが、そのことよりも、今当人に何が適切であるかの判断に立たれるのです。

死後の繋がり

亡くなった人達とこの世に残っている者との繋がりはどのようになるのでしょうか。亡くなった人は残した家族や親しかった人たちがどういう思いでいるか、何をいっているか、どうしているか、何が起こっているかについてつぶさに知っています。残された遺族の放つ深刻な悲しみは、あの世に旅立つ者の周囲を覆いつくすエネルギーとなり、このために見動きできない程の状態に置かれ、高次元への旅立ちの妨げになります。**肉体の死というものは魂レベルの選択であり、そこに偶然はありません。**そのことを理解して、**いたずらに長いこと、嘆いたり、悲しんだり、うつ的になったりすることはやめましょう。**それは、亡くなった人に対して、その向上を遅くさせ、悲しむ姿を感じて、ともに悲しみ、心配させるだけなのです。残された者たちは前向きに残りの人生を生きることを考えましょう。死後すぐにでも再会できるわけですから。ペットも迎えに来てくれます。

（余談ですが、高次元では動物や植物ともテレパシーでコミュニケーションができます。意識ある生命体には本源的にテレパシー機能が植え付けられていますので、可能となるのです。ちなみに、高次元にいる動物は皆肉食ではなく草食で、他の動物や人間を襲ったりすることはなく、どう猛性はこの世だけのことです）

この世に住む者はこの世に果たすことがあるがために生きているのであり、残った者はそれをやり遂げることを優先し、この世のことはこの世の者が、あの世のことはあの世の者に任せていればいいのです。折に触れ、愛の念だけ送りましょう。

亡くなった人に対しての思慕の念、悲しみ、哀惜の念は一瞬で高次元に行った者に届きます。高次元は距離を超越した世界ですので、どんなに離れていてもそれは問題にはなりません。あなたが呼べば即あなたの傍らに来ることもできますし、あなたに今伝えたいことを想念という形で送りますが、それは精神体に浸透させることによって行うのです。あなたが話をしてみたい、どうしているか知りたいという思いは、高次元に行った人にとってはあなたの精神体に働きかけてもいいという許可を得たことを意味します。勝手に想念を浸透させることは、高次元のルールでできないことになっています。あなたが話もしたくないと思っていれば、何のコミュニケーションも起こりません。働きかけられないのです。

高次元から浸透して伝えたメッセージは、この世の人はそういう具合に通信がなされるのだと知らないものですから、何か考えが浮かんできたとか、自分が勝手に思っているに過ぎないのだと解釈します。

誰もが固有の周波数を持っています。それはいわば指紋のようなもので、伝える相手を間違えるということはありません。

このコンタクトを取るために理想的なのは、この世にいる者がゆったりと心穏やかにしていて、この世の雑事に惑わされていない時で、相手はより楽にコンタクトが取れます。

要は自分の振動数を相手の振動数に近づけること、高次元の振動数に合わせることが大事なのです。反対に、深い悲しみや悩みに浸っていて、またはこの世の世俗的なことに忙殺されている時などは、その当人の周りは厚い灰色のバリヤーのようなもので覆われるために、コンタクトの取りようがありません。

死後の世界はどこにあるのか

地球の場合でいえば、地上にも、天空にも、地球内部の異次元（五次元）にも死後の世界はあります。各惑星の内部や恒星（太陽）の内部にもあります。宇宙的にいえば、宇宙空間のいたるところに高次元の住民の住処があります。四次元からより高次元に至るまでの波動の大海の中に浮かんでいるのが地球はじめ物的次元の宇宙であるとイメージしてみてください。

高次元世界とは具体的な場所を示すものではなく、周波数、状態を示すものです。その周波数、波動の大海の中に高次元世界に居住する者たちの生活の場があり、波動の違いにより段階がありますが、明確な境界線はなく、上下の段階がお互い浸透しあいながら限りなく階段状に存在しています。その階段状の構造は、各人の意識の内界にもあり、意識的な進化、成長とともに振動数が上がれば、その振動数に共鳴した段階の高次元世界があなたの周りに顕現し、その姿を現すということです。低い振動数のままでは高次元社会を認識、知覚できなかっただけです。

この世に生きる私たちも高次元の波動の中に住んでおり、肉体は三次元にありながら、魂のレベル、光の身体のレベルでは常に高次元世界で活動していますので、実はこの物的世界にいるときから、人はそれぞれこの物的世界と自己の固有の振動数に共鳴する高次元世界に住んでいるのと変わりありません。死してのちに肉体より解放されてその世界に行くだけなのです。

死後の世界とは意識の世界のことです。意識の状態は振動数をもって表すことができ、その振動数に応じていろいろな次元が存在し、四次元から根源の次元に至る振動数帯は人間の意識の中にもあるのです。このことは完全なるものがすでに人間の中にあるということ、それを表現すればいいだけという意味になります。振動数的にいうと、宇宙と人間はその意識構造が相似関係にあります。ですから、人間の意識を探求する旅は、宇宙を旅することと同じ意味を持つのです。ブッタ様が宇宙即我と言われたのはこのことを意味したと考えられます。

少し話は脱線しますが、完全なるものがすでに人間の中にあると記述しました。それに関連していいますと、**ブッダ様は人間皆すでに仏である、そしてそのことを受け入れればいいだけと思われていますし、イエス・キリスト様は人は皆神の子であり、それは教会のいうように自分だけが神の子ではないと考えられています。**言葉の違いはありますが、すでに完全なものが自分の中にあるということを受け入れ、いつもそれを認識しなさい、あとはそれを表現すればいいのだといっているのです。それをどの程度表現できているかで振動数の違い、高次元の階層が生まれるだけなのだということです。

死直後からの生活

霊能者が見れば、死ぬ時に肉体とプラズマ体をつなぐコードがプツっと切れるのが見てとれます。**銀色に光る直径五センチほどのコード**で、そのコードを通して生命エネルギーを肉体に送っているのです。ちょうど、母と子が臍帯で連なり、酸素や栄養を補給するのとよく似ています。また、昆虫が殻から脱皮して新しい体をまとい、飛び立っていくのにもたとえることもできるでしょう。

ここで、前掲した肉体とプラズマ体との連結コード（図1）について、改めて詳しく説明していきます。

肉体は光の身体＝プラズマ体の物的複製体であり、光の身体のエネルギー場の中に重なるようにして存在しています。光の身体＝プラズマ体は睡眠中や手術中などの昏睡状態、無意識状態のときに肉体から離れます。手術中に横たわる自らの肉体を上から見下ろしている経験をする人がいるのはそのためです。この世での死亡時に肉体より遊離し、気がつくと横たわったまま、または座して肉体の一メートルくらい上方にプラズマ体として浮き上がっている自分を発見するでしょう。肉体からなかなか離れきれないケースもあり、高次元の医師たちが離れるのを手助けすることもあります。

肉体からプラズマ体への移動、つまり、高い振動領域の体へ移ること、これが死といわれるものです。肉体とプラズマ体をつないでいたゲル状の液体状プラズマは死後、次第にそぎ落とされます。**ゲル状の液体状プラズマ**は、いわば光の身体や魂と肉体とを結ぶ接着剤のように身体に重なり、胎盤のような働きをしてくれていたのです。

ゲル状の液体プラズマがまだ残っている間は、この地上界に近い波動域にいるため、死の床の周囲にいる人を見分けることも、人の声を聞き取ることもできます。しかし、人にあいさつしても、話しかけても全く無視されて、見えたり、聞こえたりしている素振りさえもみせず、人とぶつかってもすり抜けたりして、何かおかしいと気づき始めます。

死とは、老化した肉体を捨てて生前中に成長したプラズマ体を使って生活することで、単なる波動の変化であり、水が水蒸気になるように存在のあり方が変わったのです。睡眠中、肉体からプラズマ体が離脱するのは、プラズマ体でなければならないから、高次元域には肉体を持ったままでは入れないからに他なりません。肉体は低次元域に属するので波動の落差がありすぎるのです。

睡眠中に、あの世――高次元にいる亡くなった肉親や配偶者に会ったり、いろいろな教育を受けたりしています。魂のレベルでは当然認識していることですが、目が覚めると波動の違いにより、その記憶が脳の機能としてよみがえらず、覚えていないのです。

人が亡くなると、自分の周波数にあった世界に移動しますが、その世界は今生きている物的世界に重なるように存在している、より周波数の高い世界です。四次元の下層界以上の高次元世界においては、物的世界にある光＝物質光よりも速いスピードを持つ光、タキオンの支配する世界ですので、すべては一瞬にして起こり、想念、思考のままに物事が変化し、またそれを体験する世界となります。このことは後の章にて詳述しましょう。

死後に移る四次元は自分の想念が環境をつくる世界であるために、生前に抱いていた想念、固定観念、意識レベルに応じて多様な世界があることになります。四次元の下層界から上がるにつれ、老いぼれて傷んだ肉体に代わり、プラーナ体が記憶する健全な身体像に沿って、大抵は健康な若々しい、三十代くらいの光の身体となります。また、人によっては老成した姿を好むこともあるでしょう。

死後、教育の一環として、自分の人生を3D映像で見るということがあります。生涯のすべてが3D映像化されており、様々な立場から、相手の立場から、相手の抱いていた考えや感情まで、それがどのように影響したかを理解することができるようになっています。

自分自身を客観的に外側から見ることで、今まで気づかなかった点、新たな視野を得て自己の成長に役立てるためです。

また、もし自分がほかの選択をした場合、どのように物事が展開し、どういう経過を辿ったかも見ることができます。これは、後で触れる並行現実のことです。映画のフィルムのように何度も同じところを見たり、巻き戻したり、早送りすること、一時停止することも可能です。

宇宙は量子からできており、量子からプラズマ化が起こり、宇宙の99％を構成するプラズマ、その中の電子がすべてのものをその中に記憶、情報の保存をしているがために、私たちの生涯もまるで一編の映画のように再生することができるのです。これは何もあなたを物的証拠として利用、批判、罪を認めさせるためとか、猛省を促すためのものではなく、サーと短時間で見ていくもので、多角的に考えていくためのものです。そういう方法もあるということです。罪の意識を植え付け、いたずらに不安や悔恨の情を増幅させては本来の目的に沿うものではありませんので、そのようにはならないよう配慮がされます。それは邪《よこしま》な組織宗教のやり口ですから。

人生は一つの実験場で、一つの舞台でもあり、特定のパートを演じる主演者ですから、映画の主演者が悪役だからといって、その人自体が悪者と考える人はいないのと同様に、あくまでも映画の中の役割でしかありません。その役を十全に果たし終えたかどうかが大事なことです。私たちは全員善人も悪人も演じてきています。いいことをしながら悪いこともするし、悪いことをしながらいいこともしてきているのです。

どんな身体的疾患であっても、また身体がバラバラになるような死に方をしても、元の健全な身体に死後本当に戻ることができるのか、という疑念もあるかと思います。前にも言及しましたが、肉体という低振動体に死ぬほどの影響を与えた原因も高振動体であるプラズマ体に永続的影響はありません。プラズマ体の中のプラーナ体にある健常な記憶に基づいて、すぐに健全なプラズマ体としての身体＝光の身体を再生することができます。

死の原因は何であれ、プラズマ体に永久的な障害を与えることはありません。障害があるのは一種のショックによる影響であり、身体というよりは精神的な影響の方が大きく、それゆえに長くケアを必要とするわけです。つまり、**高次元界の病気というのは身体的なものは何一つなく、常に精神的なものといえます。**

この世での身体的病気をする体験は、高次元界では身体の病気そのものがないためにできません。ですからある面、この世で病気になることは貴重な経験といえます。病気という経験を通して、大きく精神的な成長を遂げることができるからです。

幼い子を亡くすことは、親にとってはまさに悲しみに打ちひしがれるほどのことです。

理不尽な思いとやり場のない悲嘆にくれる親と違って、子どもたちは高次元界のスタッフ、施設によって、この世にいるときよりもスクスクと早く成長していきます。幼くしてこの世を離れることを予定して生まれてくる幼子もいることを心に留めておいてください（**死期に関しても皆魂レベルでそれぞれの計画があります**）。学習能力も地上界よりも進み、苦痛、病気、貧困もなく、地上界にいるときよりもずっと幸せだといえるでしょう。やがて両親が高次元に来た時には、最初幼子の時のままの姿となって出迎えます。そうしないと誰かわからないからです。本当は若々しく立派に成長した姿となっているのですが。このように死んでいく人にとっては、死は必ずしも悲劇ではなく、あとに残された者にとってのみ悲劇なのです。このことは、残された両親にとっては本当に朗報です。

亡くなったからといって長いこと嘆き悲しんでいる人もいます。嘆き悲しんでいる遺族の隣に逝去した人は立っています。一時期ですが。愛する人たちが感じていることを、亡くなった人はそのままひしひしと響くように感じます。悲しみは悲しみとして痛切に感じられるのです。

その悲しみ続ける家族の波動エネルギーのために最初は身動きできないほどですが、遺族の悲しみによる情念からやっとのことで解放され、次の将来の生活にたどりつけるまで、拘束状態のようになるのです。**悲嘆という濃く暗いエネルギー波は、亡き人の魂の成長を**

その意味で妨げます。しかし、前向きな愛念を逝く人に送る場合には、その人の道を照らし成長を促すのです。だから、いつまでも部屋をそのまま残していたり、毎日写真を見て悲嘆にくれていたりする生活はすぐにやめることです。双方のためになりません。

　お互いに愛情があれば、目には見えなくても、彼らの魂は常にあなたと一緒にいます。愛情をもって解放し、見送ることで、逝去した人も早く次の生活に移れるのです。あなたが亡くなったときには、すぐにその目で見て触れて会うことができます。地上にある者は自分の人生の役割を十全に果たし、逝った人々は新しい生活に順応、学習する生活に入ることで互いに成長し、再会することとなるのです。地上の生活は、長い魂の歴史の中においてはほんの一瞬の出来事にすぎません。地上を去る時がそれぞれあり、その時が至れば祝うくらいの方が適切だということです。高次元という光あふれる驚異の世界で再びあいまみえることになるでしょうから。

　この世では、ある地点から他の地点に行くのに距離と時間が発生しますが、高次元においては時間も空間的距離も問題となりません。何事も瞬時に行われ、移動も時間がかからず、どんなところへも瞬時に行けるので、空間、時間は何の問題にもなりません。ある人に会いたい、相手も拒否していない場合、その人に意識の焦点を集中するだけで即その人のそばにいるのです。遠く近くということではなく、どこにでも瞬時に行くこと、現れることができます。

ですから、愛の念、親和性による磁気的つながりができていれば、いつも隣にいるのと同じといえます。しかし、お互いに愛情があれば会えますが、なければ会うことはありません。一方的な愛では会えないのです。それは家族であれ、知人、友人でも同じです。また、個々の精神の進化の度合いが違いますので、会っても長く生活を共にすることはできません。元夫婦の場合でも、精神的レベルで結びついていなければ会うことも共に生活することもないと思ってください。

天国や地獄はあるのか

集合意識、集団想念の結果、地上にいた時にイメージしていた通りの天国がつくられています。仏教徒には仏教徒のイメージする天国があり、キリスト教にも、イスラム教にも、ヒンズー教、そして他教徒にも、それぞれのイメージに沿った天国とされている場所をつくっています。

しかし、それはまだ四次元下層界の幻想的な世界であって、高次元の上位階層の、光あふれる真の天国とは比べものにならない俗的なレベルでしかありません。それゆえに、その俗臭のする世界にずっと耽溺することは許されていませんので、然るべき時になると次のステップに移ることになります。

天国と考えている世界が、真実をとり違えた考えや、意識的な制限や思い込みを抱えたままの状態で生じている世界だからです。高次元の上位階層を真の天国と呼ぶならば、それは実在します。しかし、その人固有のエネルギー振動が天国の振動レベルと共鳴するレベルでないと、その世界に入ることはできません。物理的に不可能だからです。高振動高エネルギーの世界であるため、より低いエネルギー状態では跳ね返されてしまいます。また、まぶしくて見ることもできないでしょう。天国も元来あった世界ではなく、高い意識を持つ魂たちが統合意識で共同、集団的につくり出したものです。

地獄を、天国と対照的に光が差し込まない暗いジメジメした世界のことだとするならば、そういう世界も実在します。その世界も光を拒絶し、背く生き方をして、亡くなった人たちの集団的思念、想念によりつくり上げられたもので、天国同様、もともとあったものではありません。あくまでも想念のつくり上げた世界であり、その世界に居住する者たちの想念、思念を反映した結果でき上がったものです。死んで地獄に落ちるという話がありますが、そのことを商売道具にして恐怖を植え付け、金銭を搾取、詐取する邪教さえあります。

もし地獄のような状況があるとすれば、それはこの世にいる時から自らの心の中につくり出している地獄のような精神状態がそうです。心のなかでつくっている精神状態、状況を如実に象徴的に反映した現実が、死後あなたの周りの環境としてつくり出されますが、あなたがすでにある地獄に落ちるのではありません。**あなたが自分でそういう世界をつくってしまうのです。**はじめは、それが自分の心の状態を反映したものだとはわかりません。

そういう世界が嫌なのであれば、心構え、想念を変えることです。そうすれば、一瞬で地獄のような世界はあなたの周りから消えてしまいます。そういうことを通じて、環境はあなたの意識を正確に象徴的にコピーするということが、如実にわかっていくのです。

ネガティブに染まった想念が浄化されれば、おのずから自然に消失していく世界です。ネガティブなエネルギー（憎悪、敵意、恐怖、利己的、物的欲望等）につき動かされ、自らの欲望や利益のみを追求したような人生では、ものの考え方、感じ方、行動にそのエネルギーが染み込みます。そのことが重い密度の波動を生み出し、その波動エネルギーに即した環境をつくるのです。また、その世界の持つ暗く最も重い密度の波動エネルギーが、それと共鳴する個人のエネルギーを捕捉して離そうとしません。共鳴同調するエネルギーを持つ個人を次々と取り込んでいくのです。個人の持つ波動エネルギーが同調する階層の世界にひきつけられるのは、科学的な自然の法則に他なりません。

第三章　高次元の光の身体

今まで何度も登場したプラズマ体について説明していきましょう。光の身体はプラズマで、それは主に無数の電子からできていますので、電気を非常によく通し、自ら光を発し光るので、光の身体とネーミングしたわけです。まず、私たちの目で見えるのは全存在の一％以下ですが、目には見えない存在が非常に重要な役割どころか、必須の機能を果たしています。目に見えない電波、マイクロ波等の電磁気（光）や電子を利用して、通信、記憶、情報処理をしていることは周知の事実です。可視光線以外の電磁波（光）を活用する時代となりました。科学の発達によって、物的存在に加え、非物的存在の活用ができるようになり、ようやくその間の橋渡しができるようになったところです。

まず初めに、常に頭の中に入れておいて欲しいことがあります。それは、すべての物質、生命体、惑星、恒星も含めて、この世のすべての物的側面には、非物質的側面としてプラズマ的側面＝電磁気的側面があるということです。このことをしっかりと思考の大きな柱として意識の中に根づかせてください。三次元においては**物的側面とプラズマ的側面が重なって存在しているという認識が、今から本の内容を理解するうえで必須のものです。**

実は、プラズマとしての構造と機能があるからこそ、物質は構造を保ち存在できるのです。いってみればプラズマが実体で、そのプラズマの振動数を低下させ複製としての物質が存在しているのです。物質はこの三次元にあり、プラズマ体は高次元に存在するのですが、この両者は重なるように存在し、私たちの目には物的存在だけが見えているのです。

宇宙の普遍的物質形態＝プラズマ

宇宙スケールで見ますと、プラズマこそ一般的な物質の状態なのです（プラズマ＝電子が原子核の周囲を他の物質のように固定的な軌道ではなく、自由に動き回る気体のこと）。固体、液体、気体の方がはるかに少なく、宇宙の99％がプラズマ状態にあります。広大無辺な宇宙空間は決して何もない状態ではなく、プラズマなしに語ることはできません。プラズマこそ普遍的な物質の状態なのです。プラズマ体という存在のあり方は、特別な物質形態どころか普遍的な現象であり、**この世の肉体のように固体物質化した状態の方が特殊なものといえます。**

プラズマは電気的に中性ですが、電子が自由に動けるので非常によく電気を通し、またプラズマ中のイオン・電子間に電磁気力（クーロン力）が働きます。このクーロン相互作用エネルギーと熱エネルギーのどちらの力がどれほど強いかによって、イオンと電子のほかに多数の微粒子を持つ微粒子プラズマの場合には、気体、液体、固体になぞらえられるプラズマ状態が発生します（気体プラズマ、液体プラズマ、個体プラズマ）。

自己組織化とは、分子自身が自然に並び規則的で精密な構造、組織をつくることをいいますが、プラズマは**自然発生的に秩序を形成する自己組織化の機能を持っています。まるで高度な知的生命体のように。**

この秩序形成機能により情報保持、伝達する構造や機能が生まれ、これらが生命体の非物質的身体であるプラズマ体にはあります。そしてそれは意識を持ち、知的で生きている構造体でもあります。プラズマも素粒子の一種である電子や他の素粒子のふるまいによってできているのですが、このプラズマの組織化を捉えてみても、すでに素粒子レベルで基本的な知性、情報が組み込まれていると考えられるのです。

人体に共通する基本的な働きは電気でありプラズマです。私たちは電気的生命体であり電気的空間の中で宇宙と人体はともにプラズマにより構成された電機的生命体です。

このプラズマが、大宇宙、マクロコスモスから極微の物質、ミクロコスモスまで、全空間をあまねく満たしています。宇宙に存在する全物質の99％はプラズマです。

プラズマは物質の第四形態と言われ、固体、液体、気体に続く電子と原子核がバラバラに存在する気体のことをいいますが、プラズマは、原子核を離れて自由になった電子が無数にあるために、電気を非常に良く通します。電気伝導性が高いため、プラズマに満ちた宇宙空間には大量の電気（電子の流れ）が縦横無尽に流れているのです。プラズマの中で電気が流れると、そこに新たなプラズマ流が発生します。すると、プラズマの粒子は全体として粘着性が強いため、自らを組織化し、そこに特徴的なフィラメント構造が生まれます。

プラズマが電流の媒体となり、電流によって生じるプラズマ流から自己組織化によりできた特徴的なフィラメント構造のことをプラズマフィラメントと呼ぶこととします。このフィラメントは互いに絡み合い、しめ縄のような構造となっているのです。

DNAの二重らせん構造も、いわばしめ縄のような構造をしています。プラズマフィラメントは宇宙空間に無数にあります。複数のプラズマフィラメントが接近すると、そのフィラメント周囲に発生する磁場によって引きつけ合い、絡んで、より大きなしめ縄のようなフィラメント（繊維束）となるのです。これを繰り返して、最大のフィラメントは直径一〇〇億光年にも達することもあります。そのような巨大フィラメントはそのものの重力も巨大となるために、収縮を始めます。すると、この収縮連動がまた新たな電流を生み出し、新たなプラズマフィラメントを形成します。こうして、重力エネルギーが電磁気エネルギーに変換される形でさらに巨大なプラズマフィラメントに発展していき、銀河の渦巻き構造を生み出すのです。

そういうことから、銀河は宇宙空間に生み出された巨大な送電網といえるのです。銀河から噴出するプラズマジェットがフィラメントとなって宇宙空間に広がり、フィラメント自体が電流であるために磁場を生み、銀河団をつくり、ついに宇宙の大規模構造をも生み出したのです。

プラズマには決まった大きさはなく、ナノサイズもあれば宇宙規模のものまであります。極小のＤＮＡを構成するプラズマフィラメントから巨大な銀河まで電気回路ネットワークがすべてをつなぎ、情報を交換・統合します。つまり、**宇宙のすべてを媒介し、情報交換、記憶保持し、宇宙空間を満たしているのがプラズマだということです。**

チャクラはらせん状の渦構造をしたプラズマ体です。それ自体が情報センターでもあり、高速回転しつつ、エネルギーの取り込みをしているのですが、銀河の構造や回転とよく似ています。光の身体＝プラズマ体も、渦構造とフィラメントのしめ縄状の構造が電気と磁気の相互作用によって引きつけ絡み合うことで複雑な構造をつくっているものと考えられます。それにしても、銀河団のようなマクロからＤＮＡの中のナノサイズまで、同様の構造が組み込まれているのは本当に驚きです。

電子が果たす宇宙の根本的役割

プラズマ的宇宙とは、電気が自由に流れる電気的空間であり、そこに電機的生命体が生活しています。その意義について考えてみますと、電気は電子の流れのことですが、電子はこの宇宙の根本的役割を本当によく果たしているのです。

プラズマ体は光と電子の相互作用により、自ら光る不可視領域の光を常に放っています。高次元の存在は、おしなべてプラズマによってつくられていますので、それぞれ自ら光り輝いているのです。電子がなければ光は直進するだけであり、また、光がなければ電子は単純な運動しかしません。**光が電子の運動を変え、電子が光を吸収放出するという相互作用により宇宙の根本的な機能、活動をしています。**

電子において特に重要なのは、電子が光子と違って質量を持っているため静止ができ、その性質のおかげで情報保有、処理、記憶の保持が可能なことです。電子が激しく振動すると、それだけ振動数の高い電磁波（光）が発生します。また、この電磁波（光）は電子などの荷電粒子も振動させます。この相互作用、電磁波（光）↕電流（電子の流れ）によってラジオ、テレビ電子器機も作動し、照明灯も明るく光るのです。

電子と光は生命の基本単位です。そして、光とは磁場と電場の振動＝電磁波であり、電子の振動波でもありますが、波や音のような物質（水や空気）の振動ではないのです。

光子は荷電（プラスとかマイナス）も質量もないために一定の速度で走ります。そのため、光は情報伝達に適しており、宇宙は無限の情報エネルギー、光が行き交う空間となります。光は、電気を持っている粒子すべての振動数を変えることで作用します。

プラズマ体とその中にある無限の電子振動によって電子は多数な光を放つのですが、電子振動が高くなればなるほど、波長の短い高エネルギーの光を放射します。波長の短い高エネルギーを放つプラズマ体は、高次元の者にとっても正視できないほどまぶしい光の存在となります。これが魂の進化した生命体の真の姿――光の仮身です。仏法ではこれを清浄なる法身と表現しており、仏像もキラキラと金色に光輝く姿に彫られ、着色されていますが、これには科学的整合性があります。高次元の進化した存在は仏像のようにまぶしく光る御姿に映るのです。

宇宙規模の情報を伝える超光速粒子

この世の光、つまり電磁波の速度は秒速三十万キロメートルというものです（この光のことを物質光と名付けておきます）。そして、日常的には可視光線を光と考えています。それは太陽から発せられる電磁波が主に可視光線であるため、それに対応して、私たちの視力の範囲も可視光線スペクトラムの範囲にフォーカスされて発達してきたのです。

しかし、**高次元には実際にはもっとたくさんの速度の光（秒速三十万キロメートル以上の無限のスピードの光まである）があります。これが意味するところは甚大です。**なぜなら、地球でいう光の周波数帯＝電磁スペクトラムというのは、全宇宙規模の無限の幅を持っている電磁スペクトラムの中ではごくわずかな範囲を示すものでしかないからです。**宇宙規模の情報を伝えるのは、地球上の光子、物質光ではなく、超光速粒子＝タキオンなのです。**

私たちの知る光（物質光）は三十万キロメートル／秒のスピードですので、八分前の太陽、四百年前の北極星の姿、二百三十万年前のアンドロメダ銀河の姿を見ていることになります。この速度では正確に宇宙の実相を捉えることはできません。遅すぎるのです。光速三十万キロメートル／秒というのがこの物理次元、三次元と高次元を分かつメジャーな指標となるものです。**高次元の世界は、タキオンといって無限の速さを持つ超光速の光が満ち満ちている世界です**（その存在は物理学の世界で予見はされていますが、まだ実証はされていません）。

この不可視の超光速の光は、宇宙の空間すべてを埋めつくしています。宇宙のすべての情報を運ぶ光の姿は、その無限の速さのゆえに宇宙空間を満たす光の液体のごとくになって映るでしょう。意識や思考の働きもこの光に基づいており、宇宙全体はいってみれば一つの意識体ということができます。後述するように、**魂の世界は時間空間に制限されないそれを超越した世界なのですが、根本にはこの超光速の光があるからなのです。**

無限の速さということは、宇宙のどこにでも偏在し常に存在することを意味します。そのことから、すべてのものを伝達する光の充満した宇宙の姿がイメージできると思います。すべては一つのもの、一つの根源エネルギー、つまり無限のスピードの光から電子が生成され、電子、光子とも次第にエネルギー準位を降下させてこの物的次元をつくる物質化へと至った姿が、私たちの眼前にある環境です。

電子が変形して亜電子であるクオークとなり、原子核の陽子、中性子を形成し、あらゆる物質をつくるに至ります。この超高エネルギーの電子、光子は宇宙のあらゆる空間を満たし、本来、意識生命体に仕えるように、根本エネルギーによってつくられました。根源エネルギーの本質である愛のエネルギーに対しては、電撃的に反応します。このように、**光はすべての大本であり、すべては光からつくられています。この宇宙に存在する一切のものは、すべて光の変化によってつくられているのです。**

意識をなす思考、感情という電磁エネルギーは電子に働きかけ、電子を条件づけ（電子の数と振動数を決める）、それが思考形態（幾何学的形態）を生みます。磁気作用によって思考形態に粒子が次々と引き寄せられ、振動数の低下、高密度化をもたらし、私たちにも見える物質化へと至るのです。それが私たちの現実であり環境です。このことは後の章にて詳述します。

ここで重要なのは、電子が意識によって条件づけられるという点にあります。電子は基本的に愛に応え、生命に仕え、また生命を継続するための本源的なものとしてつくられたのですが、愛に至らない、恐怖、不安、嫉妬、怒り等によって誤って条件づけられる場合もあり、それが負のエネルギー形態をつくり上げます。

これは、つくった本人の責任であり、それに向き合わねばなりません。誤って使用された電子のバランスをとることが浄化と言われるものとなるのですが、これが癒やし、カルマの解消といわれるもので、これにも科学的な整合性、根拠があります。

宇宙の量子的性質

高次元の世界に分け入ってみようとするときには、素粒子、量子などの摩訶不思議な性質を理解することが必要となります。この世界のことは、誰にとっても大変わかりづらい、感覚的についていけない分野のものです。ですが、大体の枠組みを理解すれば、この分野に素人である私たちには充分です。この分野を完全に分かっている人はまだこの地球上には居ないのですから（素粒子と量子はどう違うのかと思われるでしょうが、量子のほうがその定義する範囲が少し広い他、同じものとして考えてください）。

素粒子のことについて、細かいことは捨象《しゃしょう》して簡単に箇条的まとめをしてみましょう。

1）すべての素粒子、原子、分子は生きていて、情報支援し、思考し、記憶する。
2）素粒子、分子、細胞には基本的な知性が組み込まれている。
3）一つの素粒子は同時に複数の場所に存在できる（重ね合わせ、忍者分身の術）。
4）宇宙は情報処理し、生命を営み、思考している。宇宙は巨大な量子コンピューターで、知的生命体、意識を持つ波動である。
5）宇宙は思考、感情を形態形成場においてコピーする巨大なコピー機。あなたの考えをあなたの周囲の環境へと何度でもコピーするとともに、あなたが考えを変えるとそのコピーの内容が変化し、すべてが変わる。

6）宇宙は量子的な性質を持ち、宇宙空間とは量子場のことであり、その故にすべてのものが潜在的可能性としてどこにでも存在している。

この宇宙には、純粋に精神的なもの、物質的なものというものは存在しません。物資性は精神性を内包し、その逆も然り。ある事象のどちらの特性がより顕著であるか、その存在のあり方、顕現《けんげん》の仕方が違うだけで、物質性、精神性とは本質的には同一のもの、同一の源を持つものです。物質性、精神性という別の言葉があるため、相反する、分離したもののように考えますが、頭の中で分離しているだけで、生命の実相においては分離しているのものなどありません。

第四章　宇宙と光

宇宙の中心にいくほど、白く輝く超高振動、高エネルギーの根源エネルギーとなり、外側に向かっていくにしたがって次第に振動数が低下し、気体プラズマ→液体プラズマ→個体プラズマ＝物的世界に至ります。

物的次元に限っていうと、宇宙の物的次元にある電磁波＝光の量の1％程度は星から放射されるものです。残りの99％は宇宙創成期に発生した電磁波＝光であり、宇宙背景放射と言われています。宇宙背景放射の光子は空間の一立方メートル当たり**四億個**、それに対し、物質をつくる原子の数は宇宙全体で平均化すると一立方メートル当たり**十個**と言われています。他と比して、いかに光子が充満した宇宙空間であるかがわかります。

これは、物的光、つまり無限の速度の光＝タキオンが次第に振動数を落として物的光となったものについてのことですが、それに加え、この宇宙にはタキオンなどの目には見えない光が充満しているわけです。宇宙の大中心は、輝ける白色の世界、仏法でいう空とはこの世界のことを指すと考えていいと思います。空の世界は一切のものがデザインされ、一切のものがつくり出される根源の世界です。それは波動の根源世界、不動の絶対意識とも表現できるでしょう。光エネルギーの圧倒的なパワーが支配している世界です。

根源の意識には普遍的法則があります。

1）複製するということ。宇宙のどの局面を見ても上位と下位のレベルを繰り返し複製しています。根源の意識は、自分自身について知りたいがために、自分の複製をつくりだしました。根源のエネルギー体→大いなる自己→高位の魂→魂、と複製を繰り返し、そのたびにエネルギーを落としてきたのです。

2）創造進化への衝動のコードが万物に埋め込まれていることです。創造することにより、経験の幅を広げ、自らの進化、成長へと駆りたてるようになっています。

3）万物は多次元的であるということです。

宇宙のいたるところが光によって満たされています。暗黒があるように見えるのは私たちが可視光線という限られた視力しか持たないからですが、実際は夜空であっても真っ白な光に満たされているとイメージしてみてください。**宇宙は巨大なコンピュータのような知的生命体であり、意識をもって脈動しています。自ら思考し、情報処理、記憶、生命を創造し、生きているのです。**

第五章　宇宙空間を埋め尽くす場

量子物理学には場という概念があります。場とは何のことかと思われるでしょう。例えば、電磁場とは電気的、磁気的現象が生起する場所のことです。空間自体が何らかの性質を示すと考えるのです。例としては、「電場」「磁場」「重力場」などです。磁場とは磁力の及んでいる場所、空間を意味します。

場がどのような振動状態にあるかによって素粒子の性質は決定されます。極微の空間、場にはエネルギー、素粒子を生成したり消滅させたりする能力があるというわけです。

現代物理学においては、最も根源的な存在を素粒子ではなく、むしろ電場や磁場のような「場」と捉え、場には潜在力を有する素地、つまりどんな素粒子でも場から誕生すると考えられているのです。量子場は、いついかなるところでも存在するので、宇宙空間とはそういう場のことを意味するようになりました。いずれ、宇宙空間＝量子場なので、高次元のように、近い将来何にもないと思われてきた空間から高エネルギー、フリーエネルギーを取り出すことが可能になるでしょう。

電磁場（光）とは「電場」と「磁場」の振動が対になって空間を伝わる波のことをいい、磁場の振動によって周囲に電場が生じ、電場の振動によって周囲に磁場が発生する、つまり、**あらゆる物理現象が場から生起します。電子の実体も光と同じように場の振動です。**

素粒子の種類ごとに場が存在し、その場があらゆる地点で振動しています。万物は素粒子によりできていきますので、万物はすべて振動しています。これらのことからわかるように、私たちは実体ということについて意識の改革をしなくてはいけません。今まで目に見えないとされてきた領域の事象が意識の守備範囲に入ってきたからです。**場の振動状態というのは、目に見える物質のように存在するかしないかではありません。**それは逆に、いついかなるところにも存在し、その振動レベルがゼロであれば存在しませんし、振動レベルが上がればエネルギーも無限大にまで連続的に変化します。**場のうち、95%が電磁場＝光の活動する場所で、プラズマです。**

物質は、質量が小さいほど波の性質や振動の状態が目立ってきます。逆に、質量が大きいほどこの世の物のように振動の性質は目立たなくなりますが、その性質がなくなったわけではありません。目立たないので気づかないだけです。この世の物質は、ある振動数領域＝周波数帯にあります。私たちはこの周波数帯の中で生活しており、その周波数帯内に閉じ込められているともいえるでしょう。私たちの感覚、知覚もその周波数帯にあるために、この世のものを見たり触れたり聞いたりすることができるのです。

物的次元の万物は振動数が低く、密度も高くて格子状に結晶化した物質となっていますので、振動の性質が目立たないだけです。高振動となりますと、振動の性質が顕著となり、私たちの視界から消えますが、消滅したわけではありません。素粒子が万物を構成する源ですので、万物は波動からなっており、波動として機能し、波動に支配されているということなのです。すべての存在は波動からなり、波動がいろいろな形、姿に変身しているとイメージしてみてください。

その波動が存在のあり方、エネルギー量、温度、輝度、色、性質のすべてを決定しています。そして、その波動は驚くことに、知性、情報、エネルギー、意識を持っている生きた存在で、一なる根源より無数の波動が縦横無尽に生きもののように行き交っている世界というのが宇宙の真相と表現できるでしょう。**その無数の波動の中から必要な波動を抽出、選択、利用することができ、私たちの意識が共鳴する波動を選択し利用しているのです。**

振動数の違いが次元の違いを生みます。私たちが認知しているこの三次元の世界は、実は振動数の違う多くの世界が重層的に存在する多次元の世界でもあるのです。

多次元世界の、どの次元の生命体も、その生命体に共鳴する周波数帯にあり、私たちの肉体はこの世＝三次元世界の振動数帯にあるがために、今私たちはこの世界にいるのです。身体の波動エネルギーを高めれば一瞬にして私たちはこの世界から消え、そのエネルギー水準に適合した次元に出現します。

それと同じように、人間の肉体の死に際しても振動数の変化が起こり、この世に適合した振動数を持つ肉体を捨て、肉体と同時に存在していたプラズマ体という光の身体をもって、そのプラズマ体の振動エネルギーに共鳴する次元に現れるのです。

この宇宙というエネルギーの大海中には、あまたの振動数があります。今、私たちはこの世＝物的次元＝三次元として言われている振動数帯にある肉体を持つが故に、この世に存在します。そして、他の振動数帯に存在するが、目には見えない生命体も私たちの世界に同時に存在し、私たちをすり抜けているのです。私たちにとっては親しみのあるこの世界も、多次元世界のほんの一部にすぎません。波動の帯の一つひとつに天地があるのです。

一なる根源よりこの三次元の地球世界に至るまで、数え切れないほどの世界があるのですが、**全体から見れば非常に高密度で、振動数の低い特殊な世界に私たちはいます**。私たちの目で見える周囲の環境、惑星、天体は光速三十万キロメートル／秒が根本となっていて、別世界との境界線にもなっています。この光速がこの世界の波動の基準となっているのです。それを基準として環境が出現しているというわけです。

私たちが発する波動に共鳴するものだけを私たちは見ています。発する波動に応じて視力という見える範囲が決まるのですが、この世の視力には高次元に比べて著しい制限があり、その限られた視力を通して脳がつくり上げた世界が私たちに見えているだけなのです。超能力者といわれる人は発する波動が違うので、それに共鳴するより多くの世界を見てとることができます。

第六章　高次元世界の知覚

高次元世界になるにつれて、私たちの知覚はどのように変化していくのでしょうか。意識の波動が上昇し、高次元世界に入ると、この物的次元の世界とは驚くほど知覚が変化します。例えば、人の死後、高次元の意識状態になると、次第にこの物的次元の固体性は薄れ、環境や人の姿がかすみのように映り、ついには光の身体＝プラズマ体の方がより実体のあるものに感じられます。つまり、この物的世界の物質性はただのかすみのようなものであった、幻影のようなものとして初めて認識、知覚できるようになるのです。

五次元世界は、他の次元でもそうですが、その次元の存在にとっての固体性（見たり、聴いたり、触ったりできる、実体があって、実感がある）が現われますが、これは他の次元存在にとっては幻影のようなものでしかありません。環境を形成する振動数帯が五次元の光の身体と近いために、固体性をもって感じられるのです。

また、同時に視覚の変化も起こってきます。物的次元の場合、私たちは頭蓋骨に開いた二つの小さな穴、眼窩から外界を見ています。光が物に反射して、その反射光が眼に入り、脳内でつくられた映像を見ているわけですが、物の表面しか見えません。高次元においては、物体をすべての面から同時に見ることができます。意識で物体の中に入り、その地点からすべての面を一度に見ることができるのです。人体の中にも意識で入り、どんな微細な病変でもチェックできるのですが、そんな透視ができる人も地球上にはいます。高次元の視力を持つからできる技です。

また、視界は三六〇度、一度に周囲のすべてを認識できます。これは、物的次元のように光の反射を受けるのではなく、意識を物体の中に存在させる形で光の波動を受けることによってできることで、なんでも透視する視力です。**この世、物的次元においては物が見えるのは肉体的な視力によります。ところが、高次元において見えたり聞こえたりするのは意識の作用によるものです。**よって、目を閉じても見ることができます。

換言すれば、意識水準、精神的進化度に応じたものしか見えないともいえるでしょう。あるものがよく見え、あるものがよく見えないという場合、見えなくさせているものが精神内界に潜んでいる、精神的に問題があることを意味します。

高次元の視力とは意識作用のなせる業で、ある場合にはプラズマ体から流動性の触手が出て、どこまでも自由自在に伸びていく超望遠鏡的な視力で見ようとすることもありますが、本人からすれば、見ようとする対象が自分の方へどんどん近づいてきて見えるようになる感じになっているはずです。

知りたいものを知る、見たいものだけを見るといった意識の向け方次第で、その時に知る必要のある情報を得ること、見ることが瞬時に可能なのです。このことは、とんでもなく意識できる領域がこの三次元に比べ拡大することを意味します。意識で見たり聞いたりできるのは、意識をなす素粒子には組織立って働くことができるからで、見たり聞いたりする能力がもともと備わっているのだとしか考えられません。何か不思議な気がしますが、そういうことなのです。

意識の内容である思念を集中させるだけで、すべてのものが自分のもとにやってきます。物的次元では、映像によって自分が移動しなくても見聞きできるようになりましたが、なんでもすぐに映像化、視覚化できるものでもなく、なおかつそれには何らかの装置が必要です。ほとんどのケースでは、いちいちそれぞれの対象に自ら移動して近づいていかなければなりません。高次元の世界においては、自分以外の何も必要とせず、意識を働かせているだけで、自らは何も動いてはいないのです。ちょうど劇場の回り舞台みたいなものです。

高次元の世界は、すべてが私たちの意識の内にある、すべてのものと一体であるという

統合意識のため、心を集中すれば、ある対象を見たり聞いたりすることができて、周囲の環境も変化させ、ある人と会いたいと思えば瞬時にその人の傍らにいる――高次元はそういう世界です。魔法かおとぎの国のことのように思われるでしょうが。**すべてが意識に敏感に反応し、意識の内容をその通りに実現する世界となっているからです。**心のままに動く、現れる、創造できる世界なのですが、そういう世界はどこにあるのかという疑問が湧くかと思います。それはあなたの意識の中にあります。このことは後の意識に関する章にて詳述します。

頭の中で具体的にイメージし、そのイメージするものが現実に存在するのだと信じれば、それがありありと即座に現実化し、それを体験します。例えば、誰かに会いたいと思い、その人の隣にいる自分をイメージすれば、即座にあなたはその人の傍にいるのに気づくことになります。もし相手が嫌がる場合、それは実現しません。この世では、誰かに会いたいと思えば、歩いたり、電車に乗ったりして、空間を移動することが必要です。それは時間がかかることを、すなわち物事には経過というものがあるということを意味します。

高次元は即座に、一瞬にして意識のあり方に応じて物事が転換する世界であり、時間の帯というものがない世界です。望むことやしたいことがあれば、現実にそれらがあるものとして信じることができればそれはつくり出され、それを体験できます。長い間それについて意識しない、もう必要がないと思えば、その瞬間に、また次第に分解し、消滅させることもできます。

建築物を建てようとする場合、地表からぐんぐん立ち上がってくるのですが、特に大きい建造物の場合、思い描くことが難しいため、何人かで同時にイメージできないといけません。建物の外面の設計に思念をフォーカスするもの、内面の装飾に、また全体をイメージする者というふうに集団で力を合わせて、それに長けた熟練者が当たることになります。もう必要ないという場合には、水滴が地中に溶けるように消えていく感じです。

思念、想念や感情には物事を引き付ける力があります。人間には、それらの力によりそれを正確に反映し現実をつくるという、物事を映し出す能力があるのです。これは人間をほかの生物から画す非常に特筆すべき力、意識の力です。愛の想念は愛にあふれた環境を、不安はそれを反映した事態をつくり出し、それを体験することになります。自分の意識の内容を、象徴的に、正確に映し出す現実という環境を私たちの想念はつくり出すために、意識＝想念の内容に注意深くなければなりません。

高次元世界は、振動数の違いはあれ、プラズマでできたプラズマ界なので、各々の原子や分子はそれ自身光を放ち、太陽のような光源は必要ありません。ものを見るために太陽は必要ないのです。存在するものすべてがそれ自体の光を放つので、影ができません。すべてのものが光を放つために非常に輝く環境が創出されています。（余談になりますが、絵画の印象派は、物質のプラズマ的側面＝光の身体を無意識の内に描いている、または描こうとしているのではないでしょうか。芸術家にはオーラが見える人が多くいるといいますから）

さて、高次元からこの三次元を見るとどう見えるのでしょうか。肉体の周囲を取り巻くオーラ場があるとすでに記述しましたが、**高次元から見ると肉体は見えず、オーラ場＝光の身体のエネルギー場のみが見えます。**無数のあらゆる種類の光が点滅する、空間に浮かぶ明るい卵型のエネルギー場として知覚され、プラーナ体、感情体、精神体がお互いを包み込むように重なり合ったエネルギー場として見えます。その中で、意識的活動に伴ってエネルギー場のあちこちで輝いたり光ったりして、まるで宇宙の星団のように非常に美しい姿として見えるのです。肉体のある部分には肉体そのものは見えず、その人体細胞内で常に活動している電気的状態が放つ光が人の姿をしたものとして見えます。光の身体のエネルギー状態がその人の進化レベルや健康度を如実に伝えるものとなっているのです。

高次元の人は人の肉体を見ることができないかといえば、そうではありません。高次元存在が開発した能力により見ることが可能となりますが、また、この世の人間の同意を得て人間の身体に入って人間の視力を使って視覚を得るということもできます。高次元の視力は精神の発達度に応じた視力を持つことができ、詩的にいえば、その精神の灯火と同程度のものしか見ることはできません。

高次元世界に入り生前に経験したことを思い出そうとすれば、幼少時より少しずつ思い出していくのではなく、すべての経験を一瞬のうちに思い出します。**これが高次元の精神のスピードで、すべて瞬時に行われます。**三**次元だと物事を一つずつ順番に時間をかけ、その間の経過があるのとは極めて対照的です。**この三次元では、人は時間と空間という一つの枠にいて、次々に他の枠に移ります。そうすると**物事が経過を持ち、それゆえに時間があり、時間がかかるという時間感覚が生まれるのです。**そういう次元の構造と機能を、高次元世界が三次元にあえてつくり上げました。一瞬というのが高次元世界を理解するキーワードです。

私たちが物的次元にいるとき、何かを思い出そうとすれば少しうすぼんやりとしか思い出せないのですが、高次元では一瞬ですべてを思い出すことができる、むしろ忘れることができないのです。想念をそれと共鳴する世界に向けると、その想念に共鳴する範囲のものだけを見たり聞いたりできます。見たい、聞きたい、知りたいと思うことにフォーカスすると、そのことだけが即見て聞け、知ることとなる、そういう世界です。**その特定の世界だけが光を当てられ、情報と映像が映し出される感じです。自分は全く動かず意識を向**

けるだけです。どこかに見に行ったり、他に聞きに行ったりする必要はありません。瞬時に展開します。より進化すると、並行現実の中にいる自分自身の分身の経験する現実も見ることができるようになります。

高次元の者が地上の人間を見るとき、その人から発せられる光の輝度によって識別でき、高い進化度の人ほど鮮明に光り輝いています。地上の人にとっての環境とは、固く、がっちりとして、触れることができ、見ることもできるものですが、高次元の者にとっては、靄《もや》か霞《かすみ》がかかったような対象でしかなく、当然すり抜けたりできるし、抵抗もない、個性を全く感じさせないものなのです。これは、地上にいる人と高次元にいる者との振動数の違いから起こる現象です。

意識の進化で起きる変化

死に際してプラズマ体が肉体から抜け出していくというのは、昆虫が成虫になる過程と重なります。昆虫には、卵からふ化すると幼虫と呼ばれる形態になり、また幼虫が生殖能力を有する成虫になる過程で変態という現象が起きますが、まさにこれによく似ています。低次のプラズマ体を脱ぎ捨て、高振動のプラズマ体をまとうときも同様の過程を経るのです。真理の理解、気づき、意識的向上につれて起きる現象です。**成長、進歩するたびにその状態にふさわしい身体へと脱ぎ替えていきます。光の身体が刷新されるわけです。**

魂が死ぬのではなく、魂を表現するための媒体＝身体が変わります。そういうふうにして媒体＝身体の死を何度も繰り返します。死は悲しむより喜ぶべきことなのです。なぜなら、進歩、進化があるたびに、媒体＝身体の死、脱皮があり、次の身体に移り、その進化の段階にふさわしい身体をまとうことになるのですから。

自らが進化するたびにそれまでまとっていた身体が自動的に脱げ落ちていくのですが、驚くべき現象です。この物的次元の世界においても、実は肉体も七年ごとにすべての細胞が入れ変わって新しい身体になっているのです。この物的次元の肉体も、毎秒三百億個の細胞が分裂し、一秒間に五十万個の細胞が入れ替わります。

高次元は、思念、想念がすべて現実化し、精神の支配する世界で、精神が最高の権威を持つ世界です。意識の向上、成長が最も重要な指標で、媒体＝身体の脱ぎ替えも精神が指示することにより現実化したものなのです。

魂の進化に伴い、その乗り物が変わると考えればよいかと思います。魂の振動数は肉体とは桁はずれに違うので、その間をつなぐ組織＝ゲル状プラズマ～液体プラズマ＝光の身体を必要とします。それは魂を物的次元——三次元につなぐ時に必要な措置です。肉体の死の場合には、より高振動の世界に入るためその逆の現象が起きます。より洗練された光の身体をまといつつ、いずれまた次の振動数の高い光の身体に変わり、より高振動数の高次元世界に帰っていくのです。

光の身体＝プラズマ体

この物的次元に生きる人の肉体の周囲には、さまざまなエネルギー体が重なり合って存在し、輝く無数の小さな光の粒子が宙に浮かんで明るい卵型の体をつくっているように見えるのです。光のエネルギー体はお互いを包み込むような配列になっており、より詳細に分けると、人間の場合は九つのエネルギー体が、動物の場合は三つのものが存在していま す。

私たちはたくさんの光の層から構成される存在です。最も密度の高い層が肉体で、その周囲に層状をなして光り輝くエネルギー諸体——光の身体はオーラと呼ばれているものに相当します。**光の身体の内部は、光の糸で編まれたネット、光り輝く繊維の束で、プラズマフィラメントです。これは、視覚的には幾何学的な形状に配列されている、自ら光る発光体と表現できます。**

このプラズマフィラメントは、情報の保存、記憶、情報交換、解釈という機能を素粒子レベルで瞬時にやってのけるバイオコンピューターです。光の身体は周波数が高いため、自己生成ができ、エネルギー的にも自己補給できるシステムになっています。光の身体＝**プラズマ体は無数の電子で構成されており、電子の密度と回転数により低次のものから高次のものまで存在しているのです。**この電子は記憶を有する暗号化されたマイクロフィルムのようなもので、膨大な情報を保存、処理することができます。

感情や知性は脳の働きによるものだというのが、一般通念です。ところが実際には、感情は、感情体（アストラル体）から、そして知性も精神体からあふれ流れくるエネルギーにほかなりません。**脳は何かを考えたり、感情を抱いたりしてはいないのです**（このことについては後に詳しく触れます）。感情体、精神体の振動数は個人により違うため、質や形態、音、色、さまざまの点において誰一人同じ人はいません。感情体は、その人の心の持ちようにより、黒いもの、灰色のものが見えたり、まばゆいばかりの白や金色、青色のものがあったり、あらゆる色彩の色が点滅しています。人の進化レベルは光の身体から発せられる輝き、色、音により即座に見てとれるのです。

生命を維持する光＝プラーナ

どの光の身体もプラーナ体を持っています。**プラーナ体は肉体、感情体、精神体に浸透し、それらエネルギー体の生命力を維持し、そのプラーナ体の生命維持力がないと光の身体は存続できません。**

チャクラはプラーナ体についているエネルギーセンターです。そこから身体の各細胞に、経絡という、体のいたるところを流れる電磁エネルギーのハイウエーが通っており、全身の各細胞に生命エネルギーを送りこむシステムができ上がっているのです。

愛の思いに至らない思考や感情が積み重なって大きなエネルギー塊がつくられると、エネルギー体の一つないし複数の体の回転異常が起きます。グラグラし、機能の不調を招き、エネルギー体の色彩や音の不調和としても知覚され、身体的な病の原因ともなるでしょう。

プラーナ体の活力やエネルギーの流れがさらに低下すると、病気は重篤化し、本来肉体の表面や周囲に認められるプラーナ体は肉体の中に引き込まれた状態となって、消え失せてしまいます。病気というのは最初、光の身体の不調（低振動数の光の身体の領域で起こり、高振動数の光の身体には何らの影響もない）として始まり、その段階で解消されればいいのですが、バランスが回復されないと、最終的に肉体的な不調、病気として顕在化するということです。

心の安らぎ、喜びがないとプラーナの吸収力が弱まり、それは肉体やエネルギー諸体の衰弱へと繋がります。プラーナは、肉体やエネルギー諸体に必須のものであり、本源的なエネルギーであることを改めて強調しておきます。

もし**プラーナ体が消滅すれば、他のエネルギー諸体も消滅します。プラーナをいかに吸収しやすい状態にするかに光の身体の活性度がかかっているのです。**このことについては、後のプラーナの章にて詳しく説明しましょう。

宇宙では、根源エネルギーから意識作用により精神体＝精神界、感情体＝感情界、プラーナ体＝プラーナ界、そして物質界がつくり出され、これは個人の魂とそれを取り巻く光の身体と相似のエネルギー構造であり、人間はいわば宇宙のホログラム（いくら断片化され、小さくなっても、元来の情報はそのまま保持されている三次元構造体）となっているのです。

私たちの目標は、自己意識の基盤である未発達の形の定まらない、心の身体――精神体と感情体がその形を築き上げ、魂の光の身体と溶け合い、それと一体化することにあります。

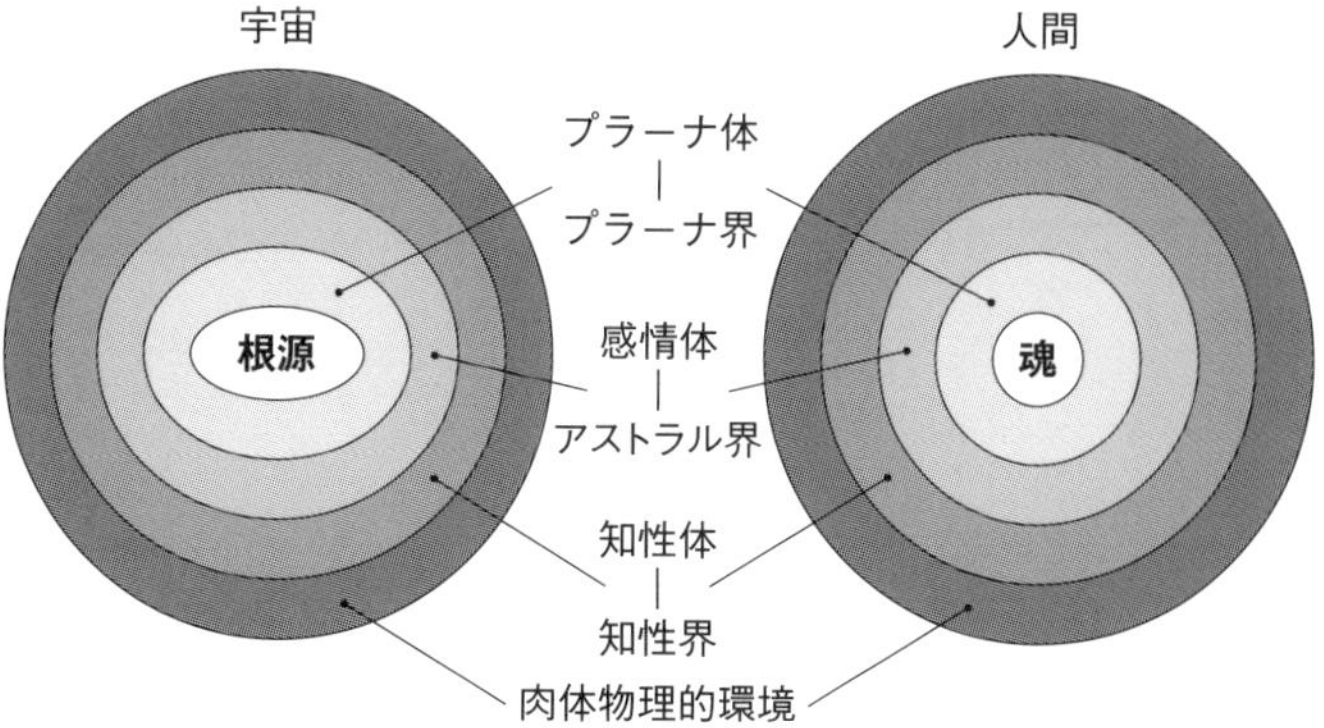

（図 2）宇宙のホログラフィーである人間

高次元に上昇、アセンションした存在は宇宙レベルの広大な世界に周波数を同調、共鳴させることができるようになります。これの意味するところは、個人の内に宇宙のすべてを包む状態をつくることができるということです。**あらゆる意識レベルに周波数を合わせ、宇宙レベルの情報や知識が自己の内にあるとき、広大な世界と一体化した姿といえるでしょう。**個人のエネルギー身体が全宇宙に広がる宇宙エネルギー身体と同化している状態とも表現できます。

（余談ですが、ブッタ様はこのことを「宇宙即我」と言われたのです。このようなことができる種子はすべての人の中にあり、それに水をやり、肥料を施し、陽光を浴びれば自然と花が咲くように、人間のうちに本来ある能力を当然の権利として発揮、開発し、その果実を享受できると説かれたに違いありま

せん）

物質的身体とプラズマ諸体との関係

肉体①――プラーナ体②――感情体③――精神体④――魂⑤について、前述したことと重なるところはありますが、より詳しく説明していきましょう。

まず話を簡潔にするために、肉体を①として、それぞれ②③④と番号付けをしておきます。②③④は、低振動の液体プラズマから高振動の気体プラズマまでを保持しており、階層をつくっています。①②③④という重要な四つの体のそれぞれが全体の二五％を占めており、四つの体は協調して機能します。この四つの体のうち、一つの体が変調になると他の三つの体もその影響を受け、それが復調すると他の三つの体も働きが改善するという具合に、相互作用しつつ活動しているのです。

感情や知性は、肉体の中にある脳の機能ではないかと疑問に思われるでしょう。実は脳の中に、**知性や感情の中枢があるわけではありません。知性や感情の働きは、感情体、精神体の中にあり、脳はその働きをこの三次元において表現するための通路、道具にすぎないのです。**脳は、②③④という、肉体より振動数の高いプラズマ体の働きをこの三次元で表現するための装置で、脳が認知症や他の疾患で機能不全、器質的変化を起こしているときも、高振動のプラズマ体や魂の働きには何の障害もありません。

プラズマ体はプラズマフィラメントから出る光で輝いています。フィラメントが光を放出して輝き、それ自身がエネルギー発生器であるため人工的な外部の光は必要ないのです。元来、私たちは電磁気的存在であるためにその能力を備えています。**人間は物質的身体であるという認識から、私たちは光そのもの、光の仮身であるという理解へと転換すべきなのです。**

肉体は光の身体の複製

最も密度の高い低振動のプラズマ体は、肉体と同時に存在し、より高振動のものは同時に違う次元に存在しているのです。光の身体は老化も病もなく、エネルギーと光に満ちて永遠に若く美しく輝いており、時間、空間という制限もなく自由に行き来することができます。

高次の光の身体には高次の魂＝真我が宿ります。次第に進化して高次の身体をまとって高次の魂に統合していくことが私たちにとって今から帰る旅路となります。というのも、私たちの魂は元はといえばより高次の魂から派生したもので、それゆえ故郷に帰るのです。

ここで、光の身体＝プラズマ体についてより詳しく説明していきましょう。

1）肉体は三次元に属していても、見えない身体――光の身体は三次元以上の次元で活動している。

2）三つの光の身体（プラーナ体、感情体、精神体）には低次から高次までのレベル＝振動レベルの幅がある。プラーナ体は感情体と精神体と肉体のための青写真を持つ、つまり複製するための記憶を持っている。**プラーナ体は形や機能も完全なもので遺伝的な損傷や病気、けがや、障害を持つものでもプラーナ体は完璧で、完全に健全な形を保持している。**そのため、遺伝的、身体的に肉体を障害、損傷した人でもその死後は健全な光の身体をもって生活することができる。

3）肉体、感情体、精神体はそれぞれプラーナ体によって囲まれ浸透されている。プラーナ体によって三つの体はつながりを持ち、お互いに影響しあう。

4）この肉体、感情体、精神体、プラーナ体全体で自己感覚――自分が生きている、自分が存在しているという自己感覚と人格を形成している。

5）肉体には必ず、残りの三体、プラーナ体、感情体、精神体が周りを囲むようにして存在している。同じように、感情体の中には精神体、プラーナ体があり、感情体は精神体が存在しないと生存できず、形と色を持つことができない。

6）三次元に存在するすべての肉体には、それぞれプラーナ体、感情体、精神体がある。そうでなければ、肉体はこの三次元には存在できない。

7）感情体次元――四次元には存在するが、三次元に存在しないものもある。精神体次元――五次元に存在するが、感情体次元――四次元や肉体次元――三次元に存在しないものもある。しかし、肉体――三次元に存在するもので、感情界――四次元や精神界――五次元に存在しないものはない。

8）感情体の存在する感情界――四次元はそれ自身では存在することができない。感情界に存在するものは、その中に必ず精神的側面が必要。何故なら、感情というものは精神――思考に対しての反応であるから。思考が先にあってそれに対しての反応としての感情が生まれるから。

9）精神体はそれ自身で存在し、魂の完全な表現をすることができる。簡潔にいえば、**五次元以上の存在なしに三次元、四次元はそれ自体では存在できない。というのも、**三、**四次元は五次元以上の世界の反映、投影だから。**この点は、仮想現実を理解するうえで大事なポイントである。

第七章　プラーナとチャクラ

プラーナは必須の生命エネルギー

光の身体の説明のなかに出てきたプラーナやプラーナ管、チャクラとはどういうものかについて、より詳しく説明していきましょう。昔の人には当たり前にあった認識が、現代人においては全く意味をなさないことの典型がこれらの言葉にはあります。光の身体を語る際には、これらのことを割愛することはできません。そのわけは、説明を読まれれば自然にわかってもらえると思います。

プラーナは、肉体にとっても光の身体にとっても生存のために必須ですので、そういう意味においては、この世の食料や空気よりも大事なものです。プラーナもプラーナ管も、超能力者以外、私たちの目には見えません。

昔は、人々の間でもプラーナは身近な存在でしたが、近代においてはインドの行者、中

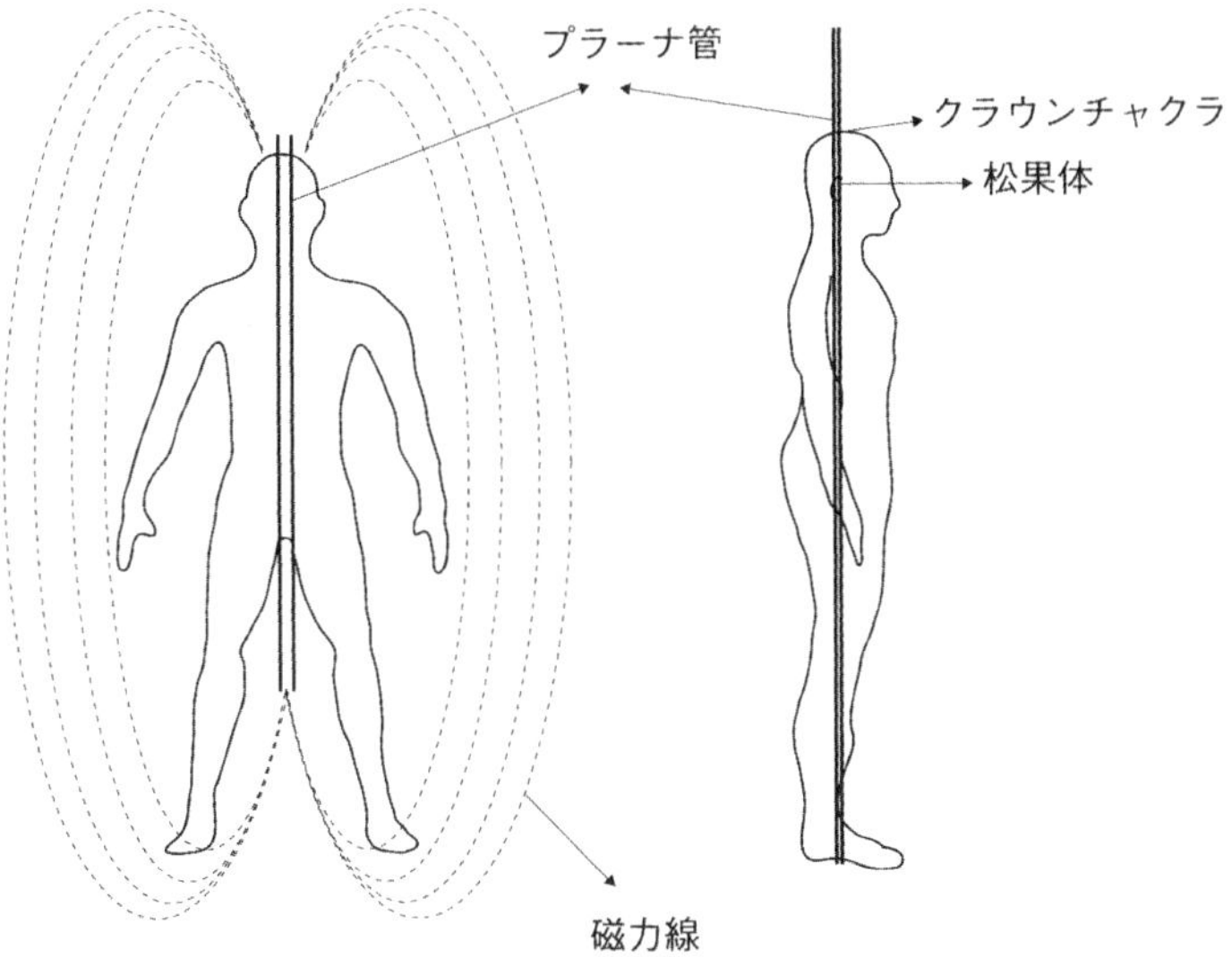

（図３）プラーナ管と電磁場としての人体

国の修行者、ネイティブアメリカン、日本神道の修行者の間でのみ、その言葉は使われてきました。現在は、ヨガや太極拳などの古武術をしている人の間で親しまれている言葉です。

プラーナは、インドや中国では古くより「生命の息」や「気」と考えられていました。プラーナ管とは呼吸管ともいいますが、これは頭蓋骨の大泉門から股間にまで脊柱体全面を貫く、決して曲がることのない管のことで、その中をプラーナが流れています。

人間の体の周りには電磁場があり、プラーナ管はその電磁場を中央で貫く管であり、主にクラウンチャクラや松果体を通って脊柱に沿う形でつくられています。人間には肺などの呼吸器官がありますので、プラーナ管という呼吸管と合わせて両方備わっているということになります。

太古の人類は生命維持するのにプラーナを吸うだけで十分でしたが、プラーナという生命エネルギーを吸収することが少なくなったため、酸素を吸う呼吸器官や何か食べ物を摂取することが必要となったのです。

そういう経緯があって、現在の私たちにある呼吸器官や消化器官は次第に発生進化し、現在に至っています。今の人体の構造をとるのに悠久の時が必要であったということはよく認識しておく必要があります。太古の人体の構造は、今とは違うということです。高次元ではプラーナ呼吸をし、何も食べる必要もありませんし、次第に食に対する関心もなくなります。そういう世界においては、消化、排泄、呼吸器官等は必要ないので、そういう器官は別のものに変化していきます。

プラーナの働き

プラーナは光エネルギーであり、大いなる根源から発せられた、あまねく偏在するエネルギーです。このエネルギーは無尽蔵で、根源よりいつでも引き寄せることができます。

このプラーナエネルギーよりさらに高エネルギー、高振動のエネルギーもあり、それはより癒す力が強力です。

プラーナを思いきり体内に取り入れるとどういう効果があるのでしょうか。まずは、いわゆる生命力が増し、代謝も活発になり活気に満たされます。呼吸による栄養素であり、あらゆる細胞が活性化、浄化されるのです。あなたを不死、無病、若々しい状態に保たれ

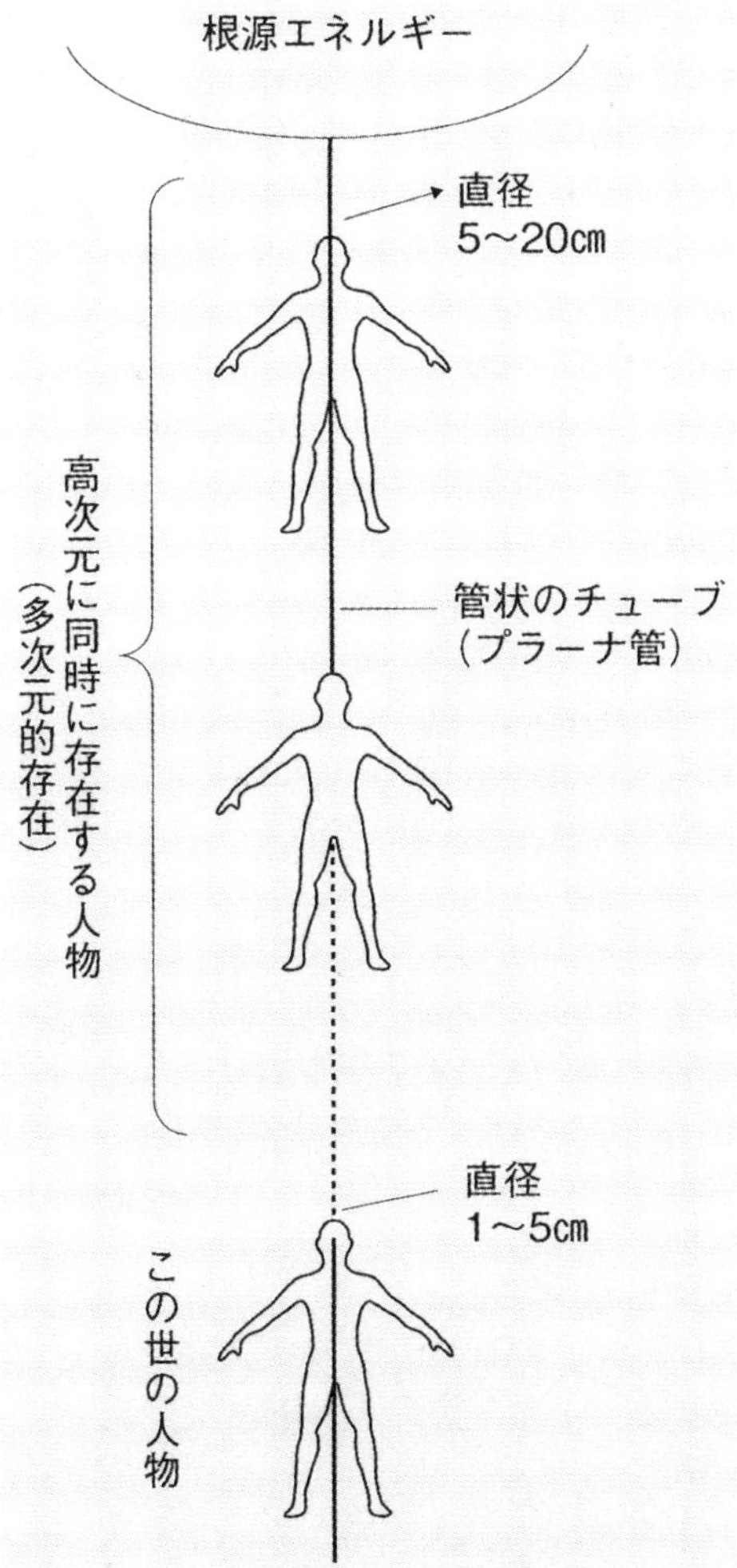

（図４）高次元に存在する自己

るように養い続けます。肉体や光の身体のエネルギー源がプラーナというわけです。

光の身体と物的身体に流れるエネルギーは、物的次元から九次元までをつなぐ管状のエネルギー通路であるプラーナ管やエネルギーの取り込みセンターであるチャクラを通じて取り込まれ、経絡と呼ばれているエネルギーの毛細血管にあたる微細な流れを通じて各細胞レベルにまで運ばれています。

次元間の連結

この図を見て、まさか人間とはこのような存在なのか、本当にこうなっているのかと非常に驚かれ訝しがられるに違いありません。この図が示す眼目は、
一つには高次元の自分がすでに存在しているということ、
二つ目には各次元にもすでに自分が存在しているということ、
三つ目には高次元からの一連の流れの中で、エネルギー水準を著しく減衰させた存在としてこの物的世界に私たちがいるということです。
私たちのホームランドは高次元にあり、次元ごとに自分の分身をつくりつつ、次第にエネルギーを減弱させて、三次元の波動にまで落としたのです。だから、私たちの光の身体

には高振動から低振動にわたるプラズマ体があることになるのです。高次元に向かうにつれ、一つひとつ低振動のプラズマ体から削ぎ落としながら帰っていくことになります。この三次元にいる私たちには、高次元から来た証として高振動から低振動までのプラズマ体が揃うようにあるのです。

この図からもわかる通り、私たちはちっぽけな、卑小な、劣った存在ではなく、根源エネルギーに繋がり、根源エネルギー、プラーナという光によって生かされている光の存在であるということを、意識の底にまでしみ込ませるように受け入れてください。この世の一般通念では、人間は物的進化の果てに現在のような肉体を持つようになった存在で、だから人間の発祥は物質であるというものです。しかし、死後肉体は解体し、人は土にかえるのだという考え方と、実相は真逆であることを理解しておいてください。人間の源は土ではなく、天、つまり高次元なのだということです。

私たちがそのような存在であるということは、高次元世界においては常識であり、一般社会通念です。人間は多次元にわたって自己が存在し、同時進行的に活動しているそんな存在なのです。

自分をそのような存在として理解し、認知し、信じれば信じるほど、高次元からの生命エネルギーがより一層流れきて、あなたを愛と光と生命力で満たしていくことになります。

なぜなら、それが人間の真実の姿であり、その正しい理解のゆえに高次元世界と波動が合うからに他なりません。高次元の自己は私たちを意識的に成長進化、覚醒へと導くべく働きかけるとともに、私たちのこの三次元での体験を通して学ぶ存在です。

ここでまず、ほとんどの人が全く聞いたこともないであろうプラーナ管について説明しましょう。頭頂部にあるクラウンチャクラにつながっている光の柱のことで、この管を通して根源エネルギーが常にもたらされます。この管の中を流れるプラーナ＝生命の光なしには生命体は存続できない、必須のエネルギーなのです。このチューブは、脊椎の前を通り仙骨部のルートチャクラに繋がっています。このチューブを通して生命エネルギーを受け取りますが、これは光です。

根源エネルギーの本質は、すべてを育て進化へといざない、根底から支え、統合する力です。いってみれば、愛と呼ぶしかない性質を持っています。このチューブは、私たちと根源の魂をつなぐ生命線です。このチューブを通じて肉体が活性化され、健康が保たれます。そうして松果体やチャクラ、経絡を通って血液から細胞へと光は渦を巻きながら取り込まれていきます（※経絡：人体にあるプラーナエネルギーの通り道、全体で三十二本、十六組あり、その中にいくつかの活性化ポイントがあり、それは小さなチャクラとなっています。ここに鍼を打っているわけです）。

人間とは五〜九次元の光の身体と三次元の肉体がミックスされたもので、人間には多くの自己が存在します。

九次元的に連結された形態に生まれてきたのです。次元間は磁気的に繋がっているので、離れるということはありません。五次元以上の意識を持っていながら三次元の物理的な存在として生きていて、その高次元の意識はすでにあなたの意識の中にあります。プラーナ管は九次元にわたる自己まで伸びるチューブ状の開きで、これが開かれて高次元の自己から光のエネルギーが送られると、各次元に個別化されている自己のすべてを結ぶ連続体となるのです。だから、あなたのエネルギーフィールドは九次元にまで達する細い管状の通路のようになっています。

十次元になると形が失われ、根源エネルギーと一体化するレベルとなりますが、自分の意思で再び九次元のように個体化した存在にもなることもできます。大きい蝋燭（ろうそく）の炎と小さい蝋燭の炎を合わせると一つのより大きな炎になりますが、離すとまた元の二つの炎に戻るようなものとイメージしてください。

この世の身体から九次元の光の身体にむけて伸びる管状チューブ（プラーナ管）＝磁気的に繋がっているエネルギーラインは根源エネルギーに連なります。この光のチューブが開くことにより高次元の魂から光のエネルギーが送られるのですが、この光エネルギーは生命エネルギーであり、情報を含み、知性あふれる光です。図4の人間の形をしたものは、電気的な光の身体＝プラズマ体であり、三〜九次元の世界に同時に存在します。なぜこのようになっているか、それは私たちが根源のエネルギーが電源となり、高次元からエネルギー準位を降下させて一つずつ次元を降下し、その次元に適応した光の身体をつくりつつ、この物的次元にまで降り立った存在だからです。

肉体から最も高次の九次元にいる自己をつないでいる光のチューブ、プラーナ管によって連なる各高次元の自己は光エネルギー、プラーナを取り入れ、九次元すべてを磁気的なエネルギーラインで結ぶ連続体を形成しています。**高次元にいくほど、形の上でも、エネルギー的にも、三次元、物的次元よりもはるかに巨大な存在となります。**

では、どうすれば大量に光エネルギーを取り入れることができるのでしょうか。このエネルギーは、のべつ幕なしに、どのような人にも平均的に取り入れられる種のものではありません。この世には、年齢に関係なくいつも元気で活気あふれる人もいれば、何か疲弊していて、しぼんだようになっている人もいます。プラーナ管の頭部の大泉門（前頭部の中央にある頭蓋骨が完全に閉じていないひし形上の隙間のこと）にあるクラウンチャクラに入っている端と股間部の端の両端は非物質次元のクリスタルでつくられており、その頭部には無数の孔が開いていて、その孔を通してプラーナを取り入れているわけです。**この**

無数の孔の角度、光の屈折率の変化によってプラーナの取り入れやすさが決まります。

最も良く取り入れるためには、その光エネルギーと共鳴同調できる精神状態でなければなりません。**特に、感情エネルギー状態が他の人々への無条件の愛と受容の状態にある時、そうなります。根源エネルギーの質がそういうものだからですが、このことの重大さ、深遠さを深く感じ、しみじみと考えてみてください。**

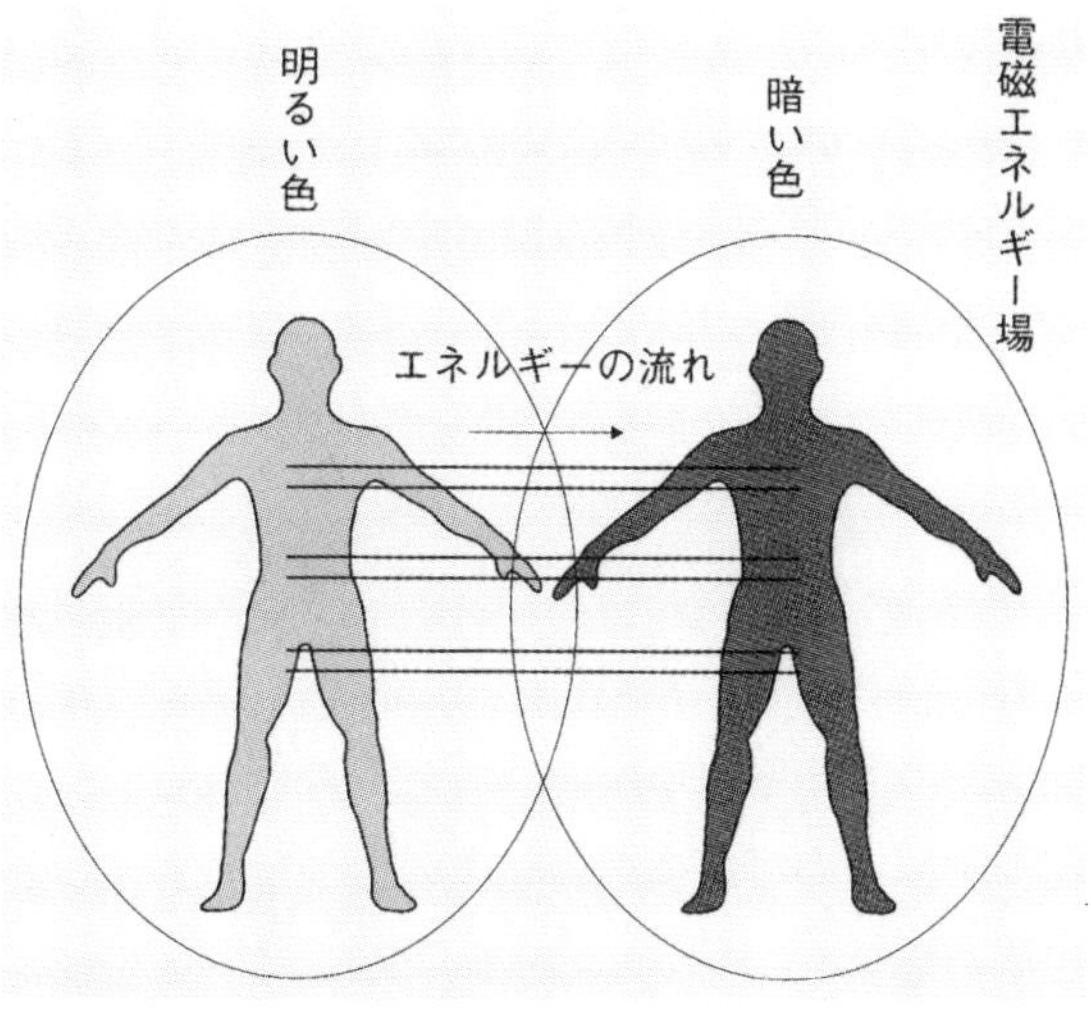

（図５）生命エネルギーのプラズマコードによる抜き取り

逆に、例えば怒り、憎しみ、差別、分離、比較、競争、対立の意識等の状態にあるときには、光エネルギーを取り入れる角度、屈折率にはなっていないのです。だからといって、全く取り入れることができないというのではありません。ポジティブな感情はポジティブなエネルギーを取り入れます。ネガティブな感情はポジティブエネルギー・光エネルギーの取り入れを自ら拒んでいるのと同じです。**前向きで創造的な内的姿勢、ぬるま湯のような環境にたたずむよりも、挑戦と成長を求める指向がどんどんこのエネルギーを取り込んでいきます。**

ある人と長く一緒にいると非常に疲れた感じがするとか、エネルギーが吸い取られた感じがすることがあると思います。それは、プラーナエネルギーが不十分な人が、ゲル状のプラズマからなるチューブを他の人の光の身体に伸ばし、直接周囲の他の人より無意識にエネルギーを吸い取るからですが、相手は誰でも構わず、取れるところから取るということが起きます。驚くべき現象です。医療従事者が患者さんをケア・加療する際にも、エネルギーを吸い取られるということが起こります。

これを、(図5)で表示します。人々は、高位の自己よりいつでもクラウンチャクラを通して光の生命エネルギー、プラーナを吸収できることを忘れてしまい、そのため、他の人よりエネルギーを無意識のうちに吸い取ることが当然のようになってしまったのです。

すべての生命体にあるチャクラシステム

チャクラは、ほとんどの人が聞いたこともない言葉でしょう。いったい何のことで、そんなに大事なものなのかと思われるに違いありません。プラーナ管同様、身体に無駄なものは一切ついてはいません。私たちには必須の器官です。

プラーナ管同様、生命エネルギーを取り込む器官であり、エネルギー情報配送システムです。人の目には見えません。インドの古語（サンスクリット語）で「車輪」とか「回る」ということを意味し、大気中の生命エネルギー（プラーナ、気）を取り込みます。人には肉体に関する主要なチャクラが七つあり、肉体を超えて存在するチャクラが五つ、小さいチャクラを入れますと、数千個もあるのです。

光の身体がつくる卵型の光の楕円形の周りに、主要チャクラは十から十五センチほどの大きさに開いていています。それぞれのチャクラの振動数が違いますので、重なってぶつかったりして回転が妨げられることはありません。

また、主要なチャクラは体の中心部にあるプラーナ管というエネルギーの通り路につながっています。そして、各チャクラから**経絡**と呼ばれている生命エネルギーの道を通じて各細胞にエネルギーが運び込まれているのです。ちなみに、**経絡**とは東洋医学において使用されている言葉です。それは微細な生命エネルギーの通路であって、体中のいたるところに張り巡らされ、チャクラからの生命エネルギーを網細血管のように細胞に運び込むためのものです。そのエネルギーの通り道、経絡は七万二千本あるといわれています。

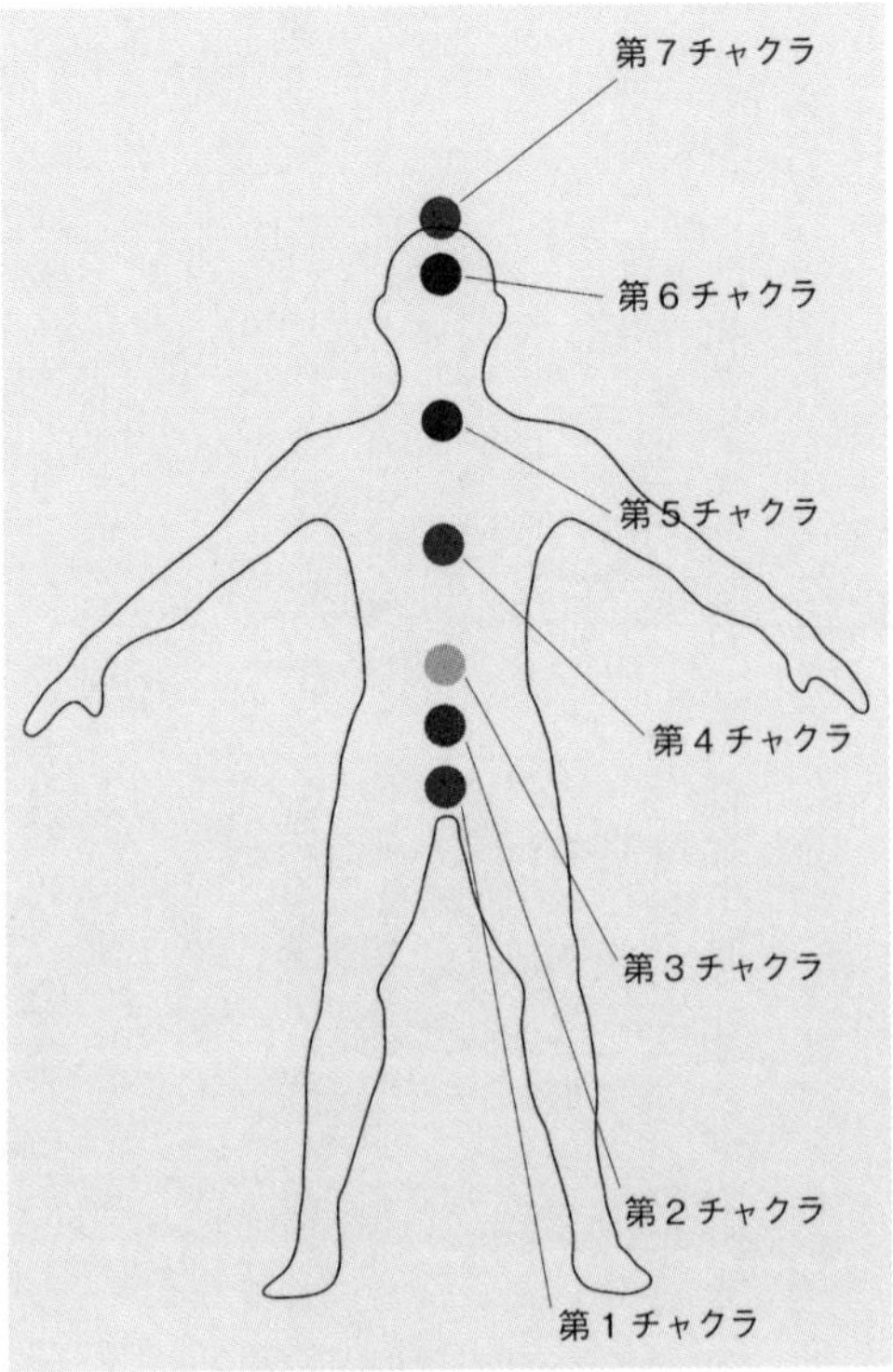

（図６）身体の七つのチャクラ

東洋医学の鍼灸にはツボ（経穴）という言葉がありますが、それは細かいチャクラのことです。このチャクラを到激することにより、生命エネルギーの滞りを軽減して循環をよくする施術が東洋医学において行われていることを知っておいてください。

各チャクラは回転しており、その回転速度が重要なのです。また、回転しつつ光と音を発し、回転してエネルギーの渦を生み、高次元のエネルギーを取り込みます。高次元のエネルギーを取り入れ、そのエネルギーを体内で利用可能な形に変換する、エネルギー変換センター（高周波、治癒エネルギーを物的なものに転換して周波数を変える装置）であり、そのエネルギーを体内で経絡を通して血液のように体のあらゆる部位に循環させるのです。

人は、酸素、水、食料、大地、太陽さえあれば生きていけると思っていて、プラーナ管やチャクラを通して取り入れる生命エネルギーは絶対に必要なものなのかとの疑問を持たれるかもしれません。このプラーナ管やチャクラシステムがないと、生命体は生きていけませんし、水と食物だけで生命を維持しているわけではありません。

すべての生命体にはチャクラシステムがあり、時計回りに回転してエネルギーを補給しているのです。もしこのチャクラシステムが必須のものでなければ、とっくの昔に消滅していたはずです。この世のみならずあの世においても、チャクラシステム、プラーナ管なしには生命体は生存できません。そういう意味においては、水や食物よりも生命のためには必須のものといえるでしょう。

特に大事なことは、チャクラシステムもプラーナ管も根源エネルギーや高次の魂との接続器であるということです。

チャクラは根源の純粋なエネルギー源からエネルギーを補給します。**プラーナ管もチャ**

クラシステムも、根源よりの愛と光にあふれる高エネルギーを吸収するようにつくられ、人間の意識が特に無条件の愛と受容の状態にあるときに最も能動的に働くよう設計されたものです。私たちのような生命体のみならず、惑星、恒星にもチャクラシステムがあります。わが地球にも太陽にもチャクラシステムがあるのです。それはなぜかといえば、地球のような惑星も太陽も生命体だからです。そして、チャクラシステムは、身体、その各器官、地球や他の惑星、恒星にいたるまで、それぞれ独自の意識を持っています。いかに宇宙が知的存在であるかということを痛切に感じさせるシステムです。

　では、チャクラはどういう形、構造になっているのでしょうか。それは、**ろうと状**になっており、口の広い方が体の外に向かっていて、体から二十センチのところまで出ています。直径十五センチくらいで、小さい方の先端は背骨の方にまで伸びてプラーナ管とつながっています。第二チャクラから第六チャクラは体の前方と後方にも**ろうと状**の形態が回転しており、渦巻きのようにしてエネルギーを取り入れるのです。

　より良く生命エネルギーを取り入れるための条件、つまりチャクラを活性化させるものは、日光、多くの酸素を取り入れる有酸素運動、笑い、愛あふれる感情、高い意識などです。

　活性化とは、チャクラ回転数の上昇を意味し、もしある一定以上の非常に高い回転数となれば身体は消えうせ、高振動体となって光の身体と融合し、私たちの視界から消えるでしょう。私たちは、生命を維持するための基本的要素である、食べること、呼吸すること、眠ることのほかに、身体を活性化し、生気を与える目に見えないコントロールシステムに対して、これまで全く無関心、無知でした。しかし、経験的に適度な運動や自然のなかに身を置いて安らぐこと、笑って楽しい時間を過ごすこと、グループ内での活動を通して、また家族や恋人同士で一体感を感じること、また創造的意識、意図が人を生き生きとさせるものだと身をもって知っています。これらもチャクラの回転数を上げるのに役立っていたのです。

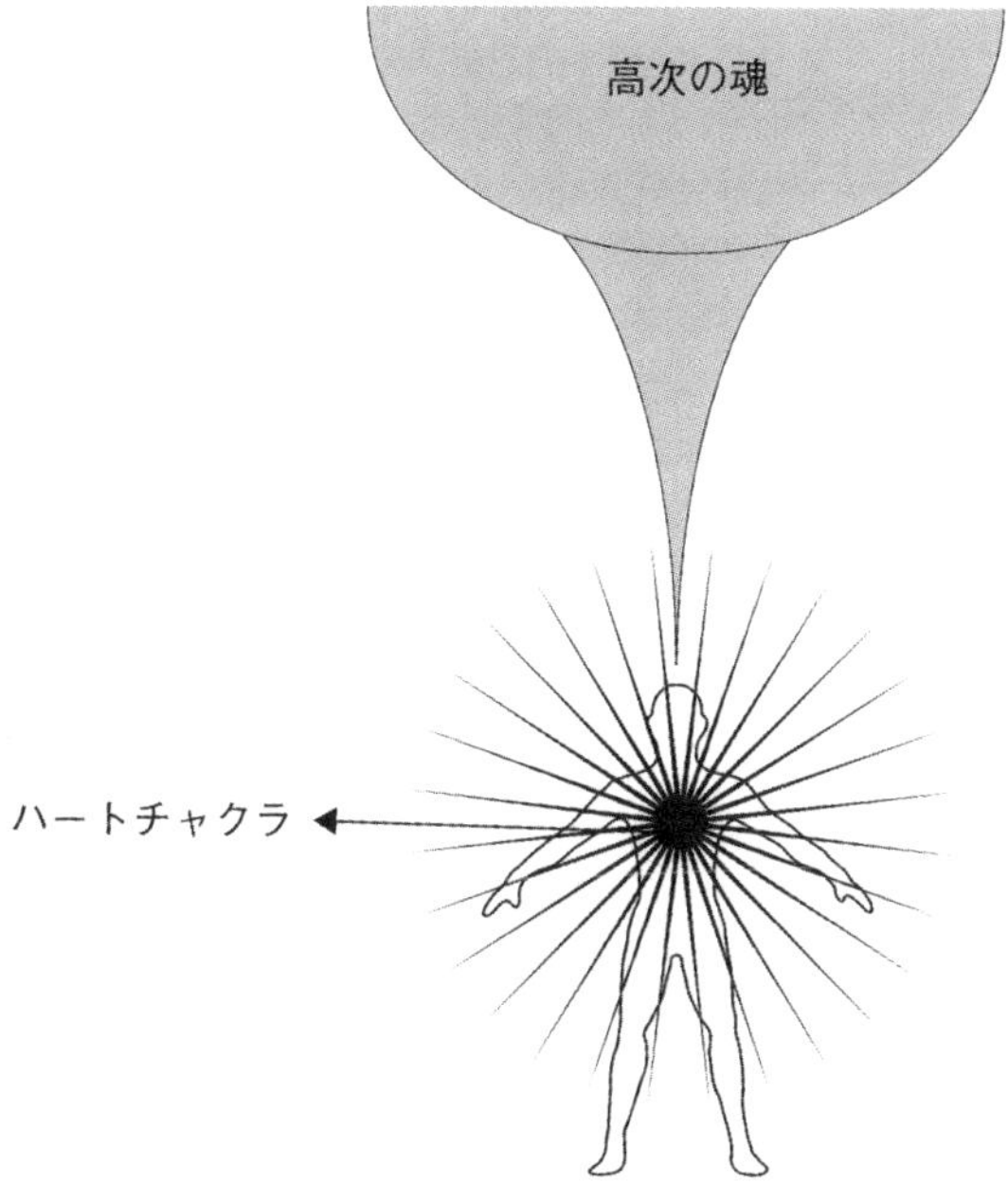

（図７）根源エネルギーに満たされた身体

反対に、どのようなことがチャクラの働きを弱めるのでしょうか。恐れ、憎しみ、不安、嫉妬などのネガティブエネルギーや差別意識、思い込み、偏見、盲信、自己不信、自己嫌悪などの思考パターンは、チャクラの回転数を低下させ、閉じさせます。

チャクラが大きく開くと、身体と精神のうっ積したエネルギーを循環させて洗い流してくれるのですが、麻薬等の薬物中毒はチャクラを光エネルギーに対して閉じさせるどころか、構造の変形を招きます。そうなりますと、以前のように光エネルギー（プラーナ）を取り込めず、ネガティブエネルギーが充満し始めます。その結果、身体の正常機能は阻害され、免疫力の低下、病気へと進展していくことは容易に想像できることです。

オーラ＝光の身体の放つ光

最近はメディアでもオーラという言葉をよく聞きますが、それはどのようなものでしょうか。チャクラや光の身体＝プラズマ体の放つ光の総体が、オーラという形で現れます。オーラとは肉体の周囲に放射されているエネルギー場で、全体として卵型に見える発先体です。その内部には幾何学的形状～細い髪を編み込んで繊維にしたような形状をしているプラズマフラメントがあり、そこに光が群れるように輝いているのが見て取れます。そのオーラの色彩、波動パターン・音を通じてすべてのことがわかるのです。あらゆる存在にはオーラがあります。というのも、物的側面の青写真としての電磁気（光）的側面がすべてのものに同時に存在するので、それが放つ光だからです。

生命体はもちろん、無生物にもあります。人間は絶えず思考、感情、言葉によって変化する波動エネルギーを周囲に向けて放射しています。つまり、自分自身の情報があますことなく周囲に波動となって外に向かう、その放つ光がオーラです。その人が秘密にしたいこと、いえないこと、考えていること、感じていることの何もかもが色彩、音としてそのまま表れるので、すべてがわかることとなります。

これを治療に応用することも可能です。オーラの色彩と音のパターンから、その人の性格、感情状態、気質まで克明にわかります。それは、オーラのプラズマフィラメント内にすべての思考、感情、行動パターンが記録されているからです。

第八章　DNA＝宇宙生命体の情報センター

なぜDNAを取り上げるのか違和感があるかと思いますが、DNAは地球上で植物、動物に共通した遺伝子ということにとどまらず、この宇宙全体の生命体の根幹をなす遺伝情報センターだからです。

高次元と現在の地球の物的次元にいる人間のDNAの活性度は全く異なり、それがゆえに能力も格段に異なります。どうしてそうなったのか、その理由やDNAのプラズマ機能について知っておくことは大変重要であるため、この章において取り上げることにしたわけです。

このDNAこそが、この宇宙全体のあらゆる生命体の情報源です。その意味において極めて重要なもので、本来、DNAは十二本あるのに二本しか使われていません。その残り十本はどうしたのかといえば、それは現在、ジャンクDNAと呼ばれ、何の役割をするのかわからずに、ジャンクという名のとおりゴミ扱いを受けてしまっているのです。

何度も繰り返しますが、万物は目に見え、手に触れることのできる物質体とその青写真を持つ電磁気体＝光の身体＝プラズマ体があり、それはDNAの場合にも当てはまります。その一方のみが存在するということはありません。そうしたものはこの世に存在しません。両方の側面という表現をしていますが、元来一つのものであり、プラズマ体が振動数を低下させて物質として顕現したものだからです。プラズマ体としての側面は物的側面より高振動、高エネルギーで、柔軟性に富み周囲と情報交換を素粒子レベルで瞬時のうちに行っています。非物質的側面つまりプラズマ体とは、意識、振動エネルギー、知性、情報の場、とも表現されますが、DNAの遺伝子コードの非物質的側面も同様に知的エネルギー場、情報の集積場です。

DNAは、自己複製して自らの形質、生物学的特徴を伝える遺伝的側面があります。また意識、思念がDNAの非物質的側面に働きかけて、その思念を刻印したものからできています。その刻印の集中と継続が、やがて物理世界の表面に変化として顕現します。生命体の内的な意志や願望が集中的に継続されて、物質界の進化の強力エンジンにもなってきました。

DNA振動数の低い側面が遺伝的側面となり、高い側面が非物質的側面、つまり意識活動、思念、意志の刻印＝コード化を量子レベルで行っているとイメージしてみてください。

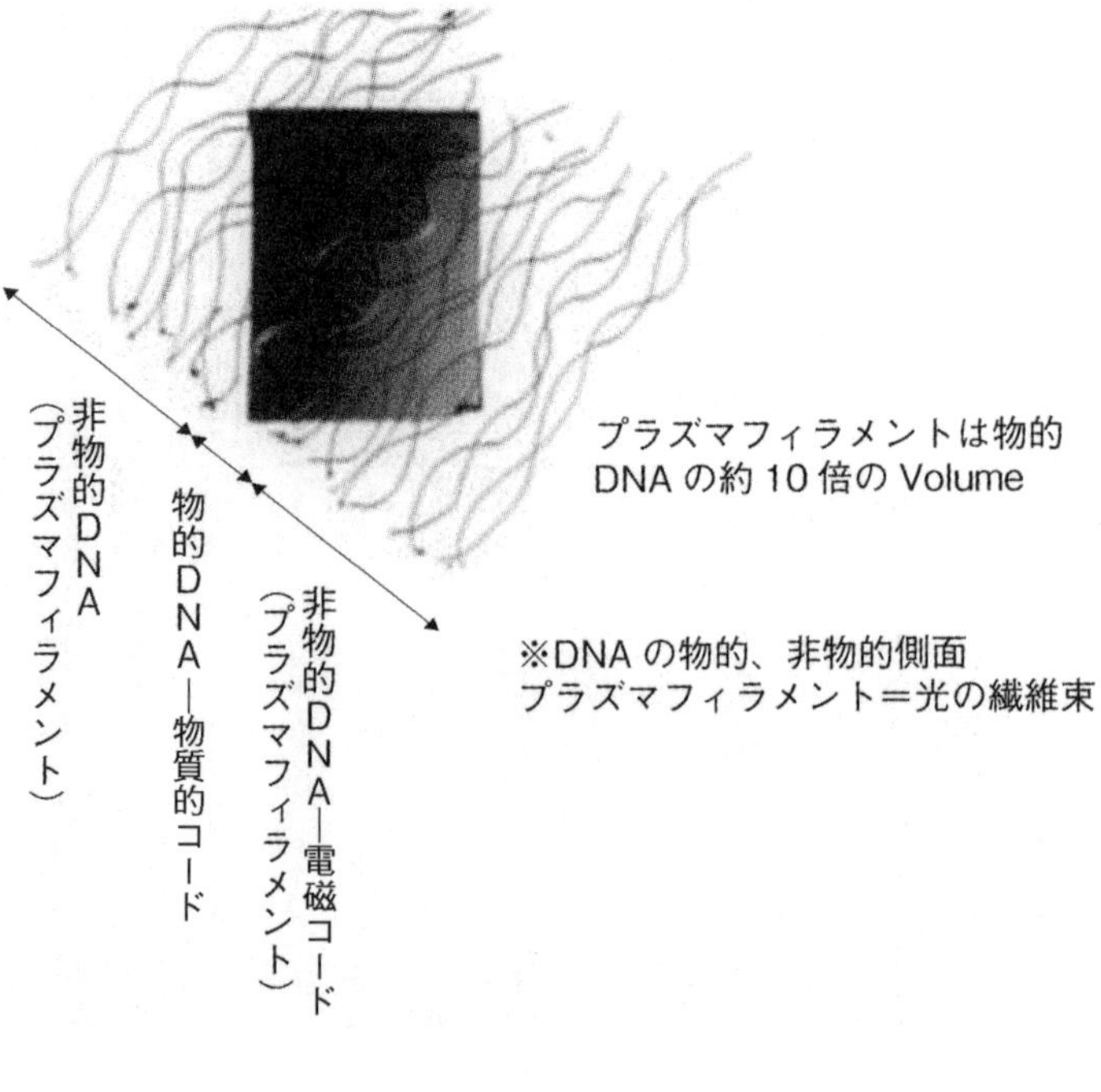

（図 8）DNA の物的・非物的側面

地球上の動植物だけでなく、他の惑星の動植物や人間種もＤＮＡを保持していると言われています。それほどＤＮＡは生命の根源となる普遍的なものなのです。

また、大変重要なことは、ＤＮＡの波動エネルギーは根源エネルギーからの波動と直結しているということです。**この点は、プラーナ管やチャクラ、松果体も同じです。**根源のエネルギーにつながることで、根源の意識の代行者、表現者として人間種は宇宙のいたる所に幡種され存在しています。もちろん多様な外見があります。（余談ですが、今後百年もしない間に地球外生命体――実は私たちも地球外から来た人間種ですが――との交流が始まり、地球人ということを超えて銀河人としてのあり方になっていくに違いありません）

ＤＮＡは、根源のエネルギーと同時に個人の意識の影響下にあります。私たちのＤＮＡに対するイメージは、細胞の中にある単なる遺伝を媒介する物質というものでしかありません。ところが、実相は宇宙の記録庫、記憶装置、図書館として人間のＤＮＡは存在し、深尽な重要性を帯びたエネルギー体＝プラズマ体なのです。

ＤＮＡなくして生物の進化はなく、文明の発達もありません。私たちはＤＮＡが重要な財産であることを明確に認識しておく必要があります。

ＤＮＡの高次元機能

図8で示したプラズマフィラメントは光の身体を構築していますが、不可視の光を放っており、輝く繊維状のもので、まるで光の糸で縫われたらせん状の編み物のように見えます。また、物的ＤＮＡ二重らせん構造の十倍以上の大きさを持っていると言われています。

このプラズマフィラメントは、個人の感情、思念を感知するアンテナで、それらの意識的活動がプラズマフィラメントの中に刻印され記憶されます。こうして、意識活動は物質のレベルにまで伝えられるのです。プラズマフィラメントはＤＮＡが情報交換する重層的に編み込まれた不可視の部分であり、その中に可視の物的複製体としての二本鎖ＤＮＡがらせん構造として存在していると考えてください。

ＤＮＡの非物質的側面は、プラズマフィラメントがらせん状に織り込まれた構造となっているのは前にも触れましたが、それは光情報が暗号化されて入っているフィラメントで、極めて細かい波動エネルギーの束で、その細かい束が約十億本も重なり太くなってＤＮＡを構成しているのです。このフィラメントが情報を送受信したり記憶したりしています。

また、刺激に反応するようにできており、新しい光情報、コードがＤＮＡに入ってきたとき、ＤＮＡは電子回路のように働き、多様な情報を素粒子レベルで解釈、翻訳する作業を瞬時にやってのけます。

数多くの安全装置も設置され、人間のなかの最も重要なデータは特定の高い周波数のみでアクセスできるようになっています。ＤＮＡは、細胞の核の中にある遺伝情報というにとどまらず、極めて知的で生きているエネルギー体だという見方が実相をよりよく反映していると思うのです。

あなたが新しい考えや見方を育んで、意識的に進化し、それと共に喜びややすらぎなどの高等感情が発達するにつれ、ＤＮＡのプラズマフィラメントの束は活性化します。その活性化はあなたを新たな周波数を持つ存在へ導く、つまり進化するようにＤＮＡは設計されているのです。ＤＮＡがあなたの意識を進化させます。あなたが無条件の愛と受容という内的姿勢を保持すればするほど進化していくのです。本当によくデザインされていて、畏敬の念さえ湧いてきます。**特にＤＮＡを変えるのは愛の感情です。愛によってＤＮＡは変革され、愛の波動はＤＮＡを通して、またプラーナ、チャクラ、松果体の活性化と相乗的効果であなたを着実に進化した存在へといざないます。**

十二本から二本になったＤＮＡ

人間のＤＮＡは本来、十二本として設計されたのに、現在ではどうして二本しか使われていないのでしょうか。

人間は原初の創造の完全性を依然細胞のＤＮＡの中に持っています。かつて人間はその能力を乱用し、結果的に低い意識レベルに落ち込んだことが原因で、十二本のＤＮＡ機能を果たすことができない状態になってしまったのです。

そして、十二本から二本しか使えなくなりました（これが失楽園です）。人間の能力は衰退し、脳も大部分が休眠状態となり、ＤＮＡも高密度、低振動領域でしか機能できないように変わってしまったのです。十二本から二本のみの機能となったのは、能力を乱用、利己的目的にさらに行使すると、破滅的な結果を招く危険性が増大するので、最低限それを未然に防ぐためでもありました。人間の能力の低下は明らかで、苦悩、病気、貧困など数々の困難に満ちた生活に変わってしまったのです。

太古の地球上の人類（他惑星よりの地球外生命体）が持っていた十二本のＤＮＡ、それは宇宙内の進化した存在たちの遺伝子のハイブリッド、合成により創造されたものです。**多くの文明社会の共同作業によりできたもので、宇宙の中で最高、最善の遺伝子の組み合わせ、最も進化した種となるべくつくられたＤＮＡで、どれほどの能力が発揮されるのか、誰もわからないほど秀逸なものだったのです。**

意識の低下とともに残り十本はバラバラとなり、現在においてはそれがなぜ存在するのかさえ解明されておらず、ジャンク（がらくた）ＤＮＡと呼ばれる始末です。また、脳の１００％が使用されていない理由も解明されていません。なぜ10％程度しか脳が使われていないのか、無用の無駄使い、不自然で生命的合理性を欠くことのすべては、ＤＮＡ十二本のうち二本しか使用されていないということに帰するのです。能力の誤用、乱用という

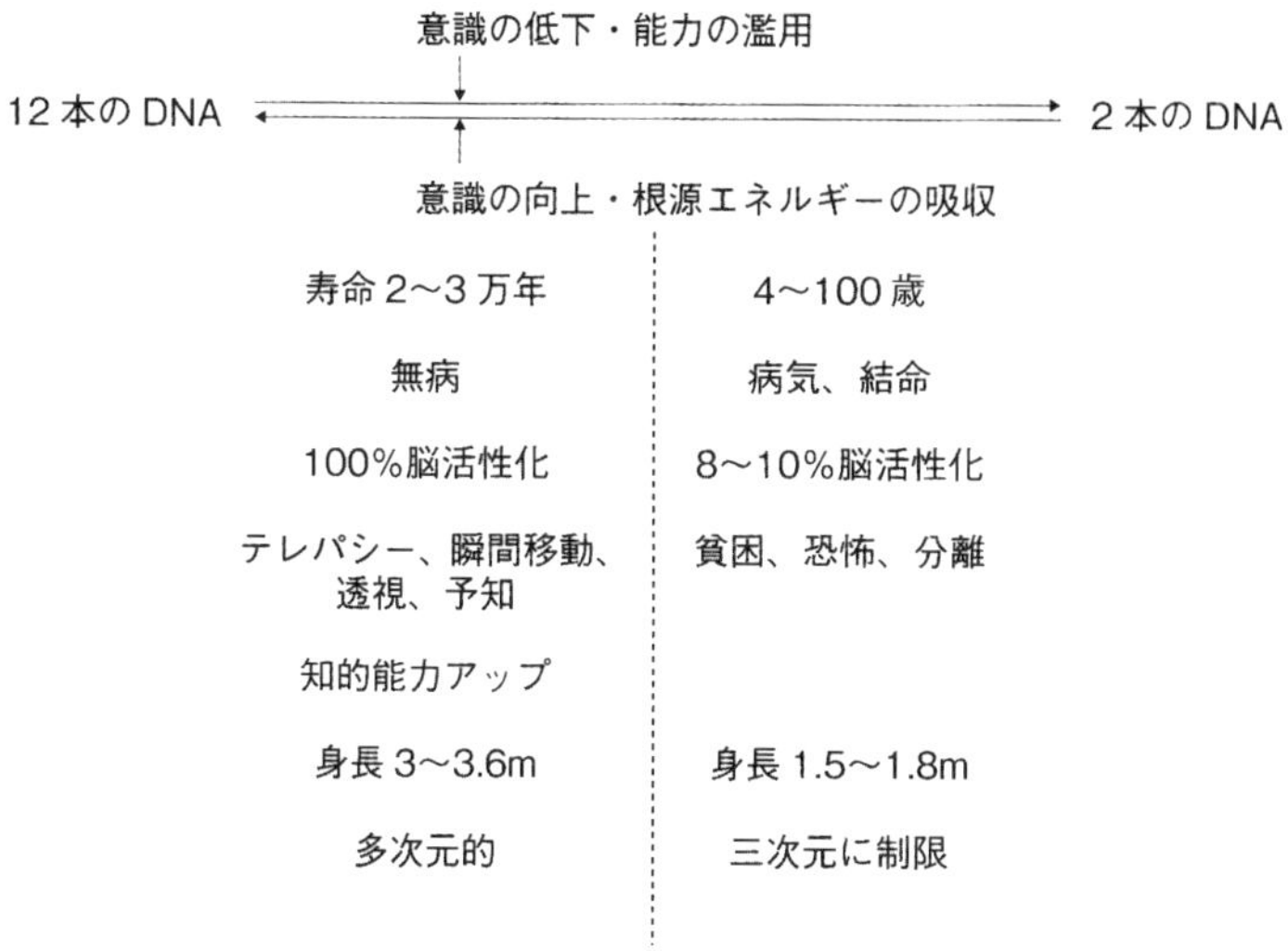

（図9）活性DNAの減少に伴う変化

所業のために二本の機能しか使えなくするという選択がなされました。その当時においては、最良の避けられない選択でした。それは人間種のつくったカルマだったのです。

大幅な機能不全となり、一気に逆境下に置かれた人間は、その低い機能状態のまま今日まで生きてきたわけです。それは険しく、不自由な日々であり、私たちはもう十分苦労しました。その不都合な日々の下でしか経験できないさまざまなことを通して、人類は多くの知識と叡知を獲得してきています。

私たちは再度意識を向上させ、根源のエネルギーと魂とＤＮＡを今まで以上に強くつなげることにより、十二本の

ＤＮＡの下に機能する日がすでに来ており、この本はそのための情報の提供なのです。

ＤＮＡを活性化する根源エネルギー

意識の向上、根源エネルギーの吸収がどうしてＤＮＡの再編成へとつながっていくのか疑問を抱かれると思います。**実は、ＤＮＡのプラズマフィラメントには根源のエネルギーと共鳴する波動エネルギーがあります。**そのため、根源エネルギーはＤＮＡを活性化し、三つの単位でＤＮＡらせん構造は再編され、最終的には十二本のらせん構造となるのです。

根源エネルギーを文学的に表現しますと、無条件の愛と受容というように表現されるクオリティーを持つ波動エネルギーです。このエネルギーを吸収するためには、あなたの意識状態も同様のクオリティーとなっている必要があります。意識指数（愛と光の指数）を上げると、根源エネルギーとますます共鳴し、吸収するようになります。**あなたの意識指数を上げなければＤＮＡの活性化は不可能です。**このエネルギーを体の中に取り入れていくと、細胞意識は浄化、変容し、ＤＮＡの十二本のフィラメントの束が振動し、フィラメントが点火されてＤＮＡの再編成が始まります。

十二本のＤＮＡフィラメントの束は機能し始め、それは十二チャクラセンター（情報エネルギーセンター）の活性化につながり、ひいては脳の全体的な機能復活を惹起《じゃっき》するのです。

十二本のＤＮＡ構造の活性化によって、脳をフルに活用できない今に比べ、あなたは天才になります。**意識指数（愛と光の指数）を上げること、つまり愛の実践をすると、あなたにますます根源エネルギーが吸収され、喜び、清涼感、安らぎ、静寂さがあなたの内から泉のごとく湧いてくるでしょう。**

多くの宗教や道徳は、どれも愛の実践を説きますが、それにはこうした科学的、合理的理由があるのです。**単なる観念論や倫理などではなく、エネルギーの本源につながることで、より多くのエネルギーを活用できる、生かせるという物理学的なことなのです。それゆえに、あなたが無条件の愛と受容というエネルギー振動場にいることが極めて重要となります。繰り返しますが、それは根源のエネルギーが無条件の愛と受容という質のエネルギーだからに他なりません。**

ＤＮＡの機能が意識指数＝愛の指数と密接なつながりがあることなどまさに驚くべき仕組みです。光の身体を成すプラズマフィラメント、ＤＮＡ、プラーナ管、チャクラ、松果体は根源のエネルギーとつながり、その吸収によって進化するように設計されているとは、本当に深い知性、英知以外の何物でもない、まさに深遠な計らいと言わねばなりません。

DNA＝意識と知性を持つ生命体

どういう両親から受け継いだDNAかによって身体面や能力の点で大きな違いや影響があることなどは、どう考えたらいいのでしょうか。不公平ではないかと思われる人もいるでしょう。

様々なケースがありますが、そこに偶然はないということ、必ず長期に立った計画、配慮、配剤があります。**高位の魂レベルにおいては、皆同じレベルの機能と能力を持っていることも思い起こしてください。**転生の大きな目的の一つに、長い転生の間に培った問題点、ひずみを正し、アンバランスな箇所を修正するということがあります。そのためにどの両親にするか、魂レベルにおいて相方で合意した両親を選びます。両親の方も、自らの問題点の修正に資する子どもを選ぶのです。アンバランスの修正をするという課題を果たすのに必要な特質を有するDNAを持つ両親を選択します。

弱点を持つDNAの両親をあえて選択し、それを克服するレッスンにしたり、病気になりやすい脆弱性を持ったDNAや、克服するのに必要な強さを持つDNAも選ばれます。

絶対選択したくないと思うようなDNAの選択も、両親との魂レベルで同意しているのです。例えば、身体的障害者などに生まれる人も本人の選択であり、不自由な体で、どれほどこの世でいじめられ、蔑まれ、仲間外れにされ、不自由な生活が予見されようと、自分はそのような環境の中でも堂々と立派に生きてみせる、という本当の勇者でなければ成しえない選択をする人もいます。一回の人生で二、三回分の人生で得られる体験をあえてしている人です。あくまでそれは前世からの罰とか罪によるものではなく、魂レベルの選択です。カルマと呼ばれるバランスを欠いたエネルギーの回復を意図して、あえて困難な環境に身を置く人生行路を選択する人もいます。ですから、すべての環境、境遇の背後には長期に立ったプランニングがあることを信じていきましょう。

人間の六十兆個の細胞の中にあるDNAは一体となって作動し、意識を持ち知性があり生きている存在で、相互に情報交換をしているエネルギー体です。現代科学の理解と全く違います。DNAの指令により脳は機能し、DNA全体としてマインドを持ち、根源のエネルギーともつながっています。DNA同士で他の動植物ともコミュニケーションをしていて、生きものだと考えたら真の働きを理解しやすいでしょう。生物学でいう細胞の核の中にある、ただの物的な二本らせん鎖の遺伝情報だけではないのです。

DNAは全体として人間の周囲に意識場を形成しています。人間の脳が意識場をつくるのではありません。脳は、DNAによる意識がこの三次元の世界につなぐものとして使う道具、伝導体です。細胞意識の中心的役割をＤＮＡの非物質的側面がつくり、ＤＮＡ総体として魂とともに人間の意識を形成しています。

ＤＮＡ＝スーパーバイオコンピューター

私たちは基本的には根源エネルギーより創出されたほぼ同じＤＮＡの生命体です。

ＤＮＡには莫大な量の情報があり、あなたについてのすべての情報が入っています。

ＤＮＡは宇宙的に普遍的なものであり、生命の基本的媒体として記憶の宝庫、情報の送受信機、情報の保存装置にとどまらず、ＤＮＡ同士で情報交換し、生きている意識体でもあります。ＤＮＡこそスーパーバイオコンピューターなのです。人と周囲の環境、人と動植物はＤＮＡの非物質的側面――プラズマフィラメントのエネルギー場（ＤＮＡの働きの90％を占める）により、意識的に無意識的にコミュニケーションしています。
すべてがわかり、わかられているのです。虚偽や虚飾も居場所がありません。ＤＮＡがバイオコンピューターであることは、高次元の世界においてはごく一般的な認識であり、この情報がこの世、三次元に届くようになっただけです。

ＤＮＡのような宇宙の普遍的存在による情報の蓄積、記憶の保持がないと、文明の進展はありません。私たちは、長い転生の間に獲得した知性、高い情緒性、叡知、芸術性といった財産をＤＮＡの中に蔵し、その上に立って存在しています。

第九章　感情の新しい見方

思考を映し出す感情

感情は一番パワフルなエネルギーであり、意識の内容としても大きな位置を占めています。**感情というものを、新しい視点、今まであまり意識されなかった観点から見ていきましょう。**

少し想像してほしいのですが、もし私たちに感情というものがなければどうなるでしょう。精神的に病的な状態で、感情の平板化や失感情症という、感情が湧いてこない状態になっている人がいます。生きている実感がなく、無味乾燥で、毎日が味気ない、活き活きとした感じがしない状態になっているのです。感情がないと、何のために生きているのかわからない、大変空しく、単調な退屈な状態になります。生きているバイオマシーンみたいなものといえるでしょう。通常、人は急に元気になったり、落ち込んだり、怒ったり、喜びのあまり泣いたりします。感情は人を突き動かす、大きく揺さぶるパワーを持っています。

　感情には大きな幅があり、高い叙情性をたたえる無条件の愛と受容を生み出す歓喜（全細胞が高速で振動している状態）から、全身をすっぽりと包み込んで凍りつかせるような恐怖まであります。感情は理性、知性より強力なパワーを持ったエネルギーであることは経験的にわかるはずです。

　また、感情の抱き方が人によって違います。ある人の取った態度や言動に対して、ある人は被害的となって怒りや嫌悪を感じ、ある人は冷静に波風立てず平然としているかもしれません。つまり、**感情とは出来事に対する受けとめ方（思考、解釈）、内的姿勢、心構えに基づいた反応なのです**。単なる感覚ではないのです。思考、観念、信念体系があって、感情はその反応として発生します。その逆はありません。思考の内容が感情を方向づけ、操作しています。内的姿勢を変えることで感情を変えることができる、つまり意識的な成長とともに感情のあり方も変化していくのです。

　一般的にいって、男性の方が女性に比して感情の発達、高い情緒性、叙情性、共感能力や美的感性の発達が悪く、そのためエネルギー的に滞って詰まっているようになっている人が多くいます。反面、女性は感情にふりまわされる人が多いのも確かです。人々の多くが、感情に対して知性が優位にあると考えていますが、そうではありません。高等感情の発達は意識の進化にとって必須のことです。

感情体について

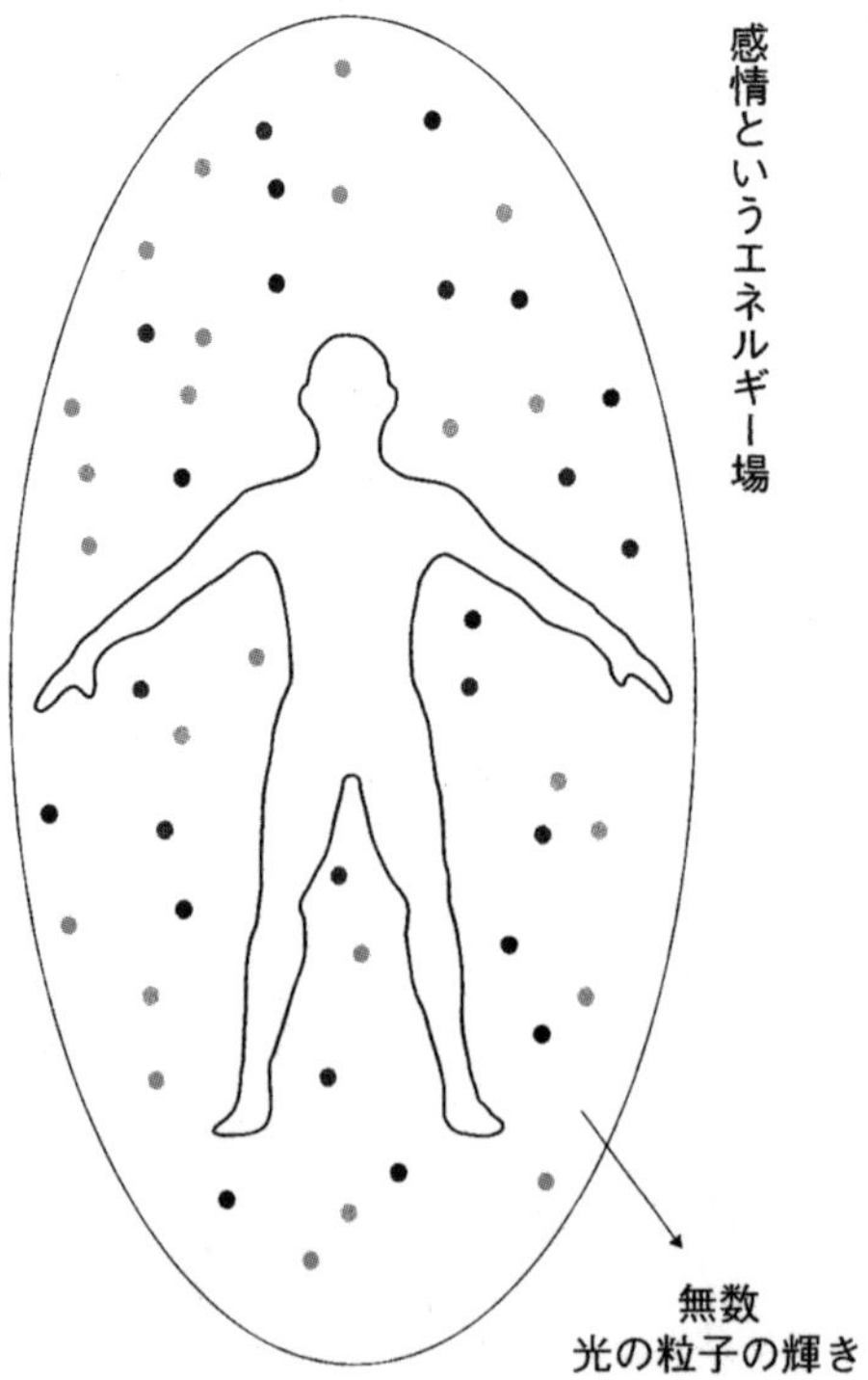

（図10）光の身体——感情体

図10のように、無数の粒子からなり宙に浮かんで明るい卵型のエネルギー場が感情体です。現代医学においては、大脳が感情の座のように考えていますが、そうではありません。感情体というエネルギー場で感じるのです。不安を感じているとき、

特定の部位が活性化し、色彩の変化により、その不安の記憶パターンを保持している部位がわかります。感情によってその記憶されている部位の違いまでわかるのです。

食糧源としての感情

以外に思われるでしょうが、感情は個人にとってエネルギー源、食料源としての側面があります。あなたが活気にあふれ、元気が出るのは悲しみからではなく、喜びからです。喜びややすらぎ、静寂さといった感情は、エネルギー（感情は電磁気エネルギーにより発信せられ、あなたの周囲や大気圏にもいつも放射されています）として、あなたにポジティブなエネルギーと力を与えています。あなたの今のあり方、存在を認め、支持してくれる元気の出る食料源なのです。

あなたの固有の振動エネルギー波がどの周波数帯にあるかで、どういう感情を主なエネルギー源、食料源とするかが決まります。意識の進化した存在ほど愛にあふれる感情をエネルギー源とし、低い未発達の存在ほど人の不安、恐怖、混乱等をエネルギー源としているのです。感情が食料源になるなど、誰も考えもしなかったことであり、長い間、意図的に隠されてきたことでもあります。ことの詳細については割愛しますが、このことを知られたくなかった闇の勢力があったとだけいっておきます。

テレビ、映画などによって、視聴者から恐怖や不安が大量に生産され放出されています。これは、振動数の低い存在にとってはとてもおいしいジュースであり、食料源となっています。感情ジュースというわけです。これは、単なるおやつや副食といった程度のものではなく、彼らにとっては主食で、ありつけなければ死活問題なのです。彼らは、プラーナ管を通じて生命エネルギーの補給が最低程度にしかできなくなっているために、他の人からの感情エネルギーを死にもの狂いで摂取しています。

あなたが愛と安らぎ、喜びの中にあるとき、彼らはあなたからエネルギーを摂取できません。そして、彼らにとって役に立たない退屈な存在であるため去っていきます。闇の存在が、世の不穏、混乱、不安定な状態をつくり出すことに躍起になっているのは、エネルギーの問題が背後にあるからに他なりません。安定、平安の世界では生きていけないのです。

感情は何を私たちに告げているのか

感情は心構え、思考を反映したものであるために、逆に感情を通して自分がどういう心構え、考えを持っているかがわかります。どういう状況で、どのような人にどのような感情を抱くのか、よく注意していると自分自身の決めつけ、優劣の考え、固定観念、差別意識に気づかされるのです。つまり、感じることによって感情は人に情報を与える知的システムともなっています

感情というパワフルなエネルギーはあなたを映す鏡ともいえるでしょう。**あなたがイライラする、不快な感じがする、嫌悪感、怒り、不安を感じるとき、その対象についての心構えに問題のあることが多く。そのことを通じて自分はどのような人間なのかを知る格好の材料となるのです。**

どうしてこのような感情がわいてくるのか、どのような状況で感じるのか、どうしていつも同じ人に同じような感情を味わうことになるのか自分に問いかけてみましょう。このことがすべての解決になるといっているのではなく、自分の抱く感情を生みだしている見方がどのようなものとなっているのか、それを理解することがファーストステップになるはずです。

人間関係でいえば、**肝心なことだけが話し合われていない場合**や、自分のことをわかってもらえていない、相手のことがわからないなど、これらのことからイライラ、欲求不満や怒り、不安等の感情が生まれてきます。

自分が自分に対してどのような感情を持っているのかを知りたければ、自分が他の人に対してどのような思いを、感情を持っているかを見つめてみることです。その感情や思いこそ自分に対して抱いているものであると考えてみましょう。

他の人に対して思いやりを持ち、温かなまなざしを向ける人は、自分に対しても同様な心の姿勢を保っているがゆえに、ネガティブな感情に流されずにいることができるし、心の安寧を保持しています。反面、他の人に嫌悪や蔑視、敵意を抱く人は、自分に対してもそのような感情的なエネルギーを無意識に向けているために、ネガティブな感情の渦に巻き込まれることを繰り返します。

ネガティブな感情は、嫌な自分に対して目を向けたくない、また価値のない自分、駄目な自分という思いや惨めな気分を感じたくない、その防衛的な反応としても生じてきます。自分に向けた負の思いを無意識に他の人に転移したものであることが多く、実は自分に対する思い、見方からきているので、そこを注意してみましょうということなのです。**最初にまず自分との関係があって、それを如実に反映する他者との関係があるからです。**

視線を高く上げて、自分と他の人は自己の表現方法が違うだけで、皆大いなる魂のレベルにおいては同じで、同じ世界から来た存在であること、皆聖なる光の存在であるということを思い出してください。その視点から自分の感情を見つめてみましょう。きっと荒々しい感情が、和やかな落ち着いた感情へと変化していくことを感じ取ることができます。自分がいつもその視点から外れているときに感情に翻弄されることになり、**負の感情はあなたが今セントラルなポイントから外れていますよと教えてくれているのです。**

もし他の人があなたのことを嫌悪し、敵意を向け、馬鹿にして軽んじることがあるときに、きっとあなたは悪感情を抱くでしょうが、それはその人の問題であって、あなたの問題ではないのです。あなたはあなたの道を行ってください。そして相手にしないことです。前に言及したように、**それはその人の自分自身に対する問題をあなたに投影しているだけですから。感情の問題の解決にはいつも視点を高く保つことです。相手と同じ土俵に立たないように。**

愛が最も根源的な感情で、諸々の感情は愛から派生したり変形したものです。真実を知らなくて変化しているだけですから、すべての感情は高い観点からすれば愛へと変容できるのです。

あなたの固有振動数が高くなるほど、喜びや安らぎ、静逸さ、神聖さ、一体感を感じることとなりますが、もしあなたがそういう感情を感じている場合には、あなたの振動数が高くなっているという証左となります。これは、愛が根源の感情であるが故の現象です。怒り、不安、嫉妬や憎しみを感じているのに振動数が高いということはあり得ません。喜びや一体感を感じているときこそが、あなたの振動数が非常に高くなっていて、エネルギー的にもパワフルな状態にあり、この上なく安定したあり方となっています。反対に、ネガティブな感情を抱いているときには、あなたは不安定なエネルギー的にも減衰した状態なのです。

このように考えていきますと、無条件の愛と受容という心構えがいかに大事であるかがわかってきます。この至高の精神性とは、思考や観念ではなく、内面からふつふつと泉のように湧き出す喜び、平安を感じられること、物事が一体として感じられること、そしてその心境を保持できていることといえるでしょう。自己に対しても、他の人に対しても真実に根ざした考え、見方ができているので、そのことの反応として生じる感情はおのずと分離感のない、区別、差別のない一体感に包まれた感情となるのは自然なことです。

これは、真実から一時も離れない心の構えを保つ、高次元の聖霊の自然なあり方と換言できます。**いつも愛を選択し、愛に基づいて行動する、そうであるからこそいつもパワフルであることができるそういうあり方**で、それが高次元になればなるほど際立っていきます。

無条件の愛と受容という至高の心境はとてもハードルの高いもので、ほとんどの人にとって無縁のものだと考えがちです。しかし普段の修練によってやっと到達できる境涯であるとも、また今すぐにでも獲得できる心境でもあるといえるでしょう。たとえ一瞬でも多くの人がこの心境に立ち入ったことがあるはずです。ただ、その心境のもつ振動を保てず、周りの影響によってすぐに引きずり落とされてしまいます。

しかしながら、**私たちの故郷はその無条件の愛と受容という波動域にあり、エゴ意識の波動域にいるよりもはるかに長くその高みの波動域の中で生活し、慣れ親しんでいる心境なのです。**今からつくり上げるのではなく、自分の中にすでに存在している心境であるのにそれを忘れているだけなのです。日常生活で味わう感情は、自分がいまどのようなエネルギー状態にあるのかを気づかせてくれ、高い抒情性を伴う至高の心境との距離感を感じさせ、自分の立ち位置を教えてくれる知的システムとなっています。

悪感情の対処法

日常生活において、感情の中で一番私たちを悩ますのが、悪感情というものです。悪感情の場合、非常に気分が悪い、いやな感じがします。こういう感情を抱いている自分のことが嫌になり、情けなく恥じたり、劣った感じまでします。あなたが内省的な人であればあるほどそう感じることでしょう。

悪感情はあなたから生まれ、あなたを流れ、それをあなたは感じることとなります。悪感情を押し込んだり避けたりしないで、十分に感じてみてください。そうすると悪感情は次第にあなたから流れ出て、消えていきます。毛嫌いせずに、感情に対して愛情をもって感じ接してください。まるで他の人に対応するように。そうすると悪感情は浄化されます。

悪感情が自分のどういう考え、心の姿勢から生まれているのかを、自分の中で探ってみてください。知っておくことが大事なのです。優越感、劣等感、被害意識、差別意識、比較、対抗心など、負の考えがあるでしょうが、そういう考えが自分の中にあるのを無視したり、こういうことではいけないと自分の中で戦ったりせずに、負の考えがあることも受け入れて、否定しないようにしてください。

精神的な成長は否認や抑圧や無視から生じるのではなく、受け入れ、容認、統合から起こります。自分の中の光と闇の部分を見つめ、受け入れることで次第に闇を光に変容することができます。

（余談ですが、心身症の患者さんの場合も、自分と闘ったり、責めたり、他の人と比較したりせずに、ありのままの自分を受け入れ認めること、良いところも、悪いところもあって、それで自分なのだと、それでいいのだと実感できるようになって、治癒に向かうケースがほとんどです）

ああ、こういう考えからこういう悪感情が生まれてくるのだなと納得すると、悪感情に翻弄されたり悪感情を感じること自体が次第に少なくなり、客観的に突き放してみることができるようになります。悪感情を生じさせる物事の解決には**高い視点から見ることが大切で、起こった問題点と同じレベルの考えからだと、今までと同じワンパターンの対応が繰り返され、何も変わりません。**このことについては前にも述べました。

最悪なのが、悪感情を感じたくないものですから、否定したり抑圧して、溜め込むことです。それでは何の解決にもならず、病気になってしまいます。自分は悪感情そのものとは独立した存在だと考え、感情は流れゆき消えていくもので、自分そのものではないと思うことにしましょう。そう思いながら十分感じて流してください。

意図的に怒り、不安、イライラ、嫌悪感を感じないようにしようとすると、逆に本当は感じているのに感情を自分の中に溜め込み、押し込んでしまうので、感じるものは充分感じましょう。それに囚われない、捕まらないように。感情も十分感じてもらえれば納得して消えていきます。

第十章　意識の機能とその根源

万物を生む意識とは

普通、意識というと、目が覚めているとか、何かに注意を向けているといった意味で使われると思います。本書では、いまこの瞬間自分に気づいていること、自分で自分のことを認識していることを意識と定義して話を進めます。この意識という言葉は、宇宙や生命についての本源的働きについて考えることになり、魂という言葉とともに最重要のものです。意識こそすべての源泉であり、意識なしには何も生まれず、創造できません。

意識は量子場から生まれ、量子場に働きかけ、量子場的な働きをします。そういってもいったい、何のことやらわからないと思います。意識を理解するためには、どうしても量子とは、あるいは量子場とは何かを理解する必要がありますが、この分野には門外漢である私たちには全体の大まかなイメージを持てば十分であると思います。ほんの少し物理学の話が続きますが、イメージを膨らませながら読み進めていってください。

ミクロの世界

原子よりも小さいミクロの世界、おおよそ原子や分子のサイズ、一千万分の一メートル以下の世界とそれ以上のマクロの世界は全く異なる世界です。**この境目の壁は非常に大きく、一般常識はミクロの世界には通用しません。当然、物理的法則も全く違います（モノ＝普通の物質を扱うのか、波動、振動を扱うのかの違いです）。**

通常の物理学が通用しない、原子の内側のミクロの世界の物理学が量子力学です。原子より小さい世界では、原子より大きい世界に存在する物質とは振る舞いが異なります。

原子より小さな世界では、物質は粒子性（エネルギーのかたまり）と波動性（波の状態の性質）を併せ持ち、エネルギー量は連続値ではなくとびとびの整数倍のエネルギーを持つため（このとびとびの整数倍という性質を利用して、今日のデジタル化へとつながっているのです）、普通の物質と区別して量子と呼んでいます。**簡単にいいますと、量子とは粒子性と波動性を併せ持つ極小の物理量の単位のことです、**物質をつくっている原子も、原子より小さい電子、中間子、陽子、光子、クオークなども、みな量子です。素粒子と量子はどう違うのかといえば、量子のほうが少し定義の範囲が広いだけで、ほとんど同じものを指していると考えてください。

この量子を扱う科学である**量子力学とは、いわゆるモノ以外の状態、つまりエネルギー振動全般、換言すれば波動を扱う新しい科学です。**

電子も光もモノではないのです。状態、エネルギーの振動であり、電子も光も振動そのもので、振動を生み出す媒体（音に対しての空気）としてのモノはありません。水はモノですが、それが揺れている状態である波はモノではありません。量子にはこの状態があるだけで、その状態を生み出すモノはありません。つまり、**量子とはモノが振動しているわけではなく（水の振動＝波や、空気の振動＝音のように）、振動そのもので、その振動がエネルギーを持ち、すべての機能や性質を決定しています。**

量子とは、粒子と波の性質を持つエネルギーの小さな塊のことです。ここでいうエネルギーとは、物体に何かの変化を与える、振動を起こすことのできる源のことと定義します。エネルギーの小さな塊が、遠くから見れば何か粒子のごとく見えるが、近づくほどにただの振動の波であると量子をイメージしてください。量子という小さな粒があるわけではないのですが、粒子のような振る舞いをするので粒子性という表現になっています。

日常感覚では空間が先にあってその中に量子が無数にあると考えますが、量子の相互作

郵 便 は が き

料金受取人払郵便

新宿局
承認

1289

差出有効期間
2024年12月
24日まで

160-8792

182

東京都新宿区
四谷4−28−20

（株） たま出版

ご愛読者カード係行

ご購入 書籍名			
ご購入 書店名	都道 府県　　市区 郡　　書店		
ふりがな お名前		大正 昭和 平成　　年生　　歳	
ご住所	〒		
TEL		性別 男・女・その他	
Eメール			

（ブックサービスご利用の際は必ず電話番号をご記入下さい）

たま出版の本をお買い求めいただきありがとうございます。

この愛読者カードは今後の小社出版の企画およびイベント等の資料として役立たせていただきます。

本書についてのご意見、ご感想をお聞かせ下さい。
小社の目録や新刊情報はhttp://www.tamabook.comに出ていますが、コンピュータを使っていないので目録を　希望する　いらない
お客様の研究成果やお考えを出版してみたいというお気持ちはありますか。 ある　ない　内容・テーマ（　　）
「ある」場合、小社の担当者から出版のご案内が必要ですか。 希望する　希望しない

ご協力ありがとうございました。


〈ブックサービスのご案内〉

小社書籍の直接販売を料金着払いの宅急便サービスにて承っております。ご購入希望がございましたら下の欄に書名と冊数をお書きの上ご返送下さい。その際、本ハガキ表面の電話番号を必ずご記入下さい。

ご注文書名	冊数	ご注文書名	冊数
	冊		冊
	冊		冊

用そのものが空間となっていて、量子がびっしりと埋め尽くされて空間ができていると想像してみてください。空間に量子があるのではなく、量子が空間そのものなのです。宇宙空間では量子の相互作用が電撃的な速さで行われていて、量子同士の関係が情報のやり取り、保存、記憶の場にもなります。宇宙空間の中で光、原子、分子、電子等の量子が事あるごとにその表情を変えることでそれは起こりますが、**量子とは場の振動**（**場とは量子が活動している場所のこと**）ですのでこういうことが可能なのです。

アカシックレコード

話は少しずれますが、アカシックレコードという言葉があります。アカシックとは梵語で虚空、空間のことで、宇宙空間自体が量子に満たされているわけですから、情報を記録、保管する媒体、記憶する場に満ちた空間のことをアカシックといいます。地球の周囲の空間は、地球に起こったことをすべて記録するアカシックレコードになっているのです。地球だけではなく、他の惑星や恒星も同じようになっています。**人間の肉体の周囲に光の身体があるように、地球の周りには地球の光の身体があり**、それは高次元にあるために見えませんが、その光の身体が記憶、情報の保存をしているのです。

意識の源泉

量子が活動している場、すなわち振動域が量子場です。つまり、量子とは場の振動です。何かその場に非常に小さな粒子のようなものがあるのではありません。ただの振動が粒子のような振る舞いをする、振動がエネルギーの塊のように捉えられるということです。量子場とは、素粒子が何らかの情報を担って活動している、知性を持ったエネルギー場といえます。この意味については後で触れます。**このエネルギー場の働きこそが意識です。**意識とは、通常考えられている、覚醒している、気づいている、知覚があるということに加え、生きていて、知性を持つ、素粒子が活動している場所ともいえます。

意識は量子場よりつくられ、また量子場の働きそのものが意識です。意識は量子場から素粒子を取り出し、それが原子の材料となります。それは分子をつくり、次第に振動数を低下させながら、私たちが見て触れる物質をつくり出すのです。いわば量子場は現実をつくり出すエネルギー場なのです。**量子場の95%は電磁場といわれ、電磁場があることによって意識が生まれます**（電磁場＝電磁場の変動が波動として空間を伝わるとき、これを電磁波、つまり光といいます。つまり、電磁場とは光が活動している場所のことです）。だから、**量子場の95％は光の活動している場所なのです。**

換言すれば、意識は光の活動からつくられ、また、光の活動そのものが意識です。量子場がびっしり埋め尽くすことでできている宇宙空間の95％は圧倒的に光の活動している場所であり、光の変化ですべてのものがつくられました。

宇宙の中の原子は、一つの同じ原子です。というのは、宇宙の量子は元来無限のスピードを持つ光から生じ、根源は一つのもので、それがびっしり宇宙空間を埋めている、配列されている状態だからです。その間の情報の交換は無限のスピードで行われ、その一つがテレパシーで、これが高次元世界のコミュニケーションツールとなっています。電磁場から発生する意識の中には、時間空間という概念はありません。無限の速さということを考えれば、それは意味をなさないとわかります。高次元世界では、この三次元社会とは全く違う電撃度、速さ、衝撃度、振動数で、すべてが一瞬だとするのも頷かざるを得ません。無限のスピードを持つ光＝タキオン一つがたくさんのバージョンをつくっている、いろいろな現象と次元をその振動数を落としながらつくってきたのがこの宇宙の森羅万象であると考えられるのです。すべては一つから、一つはすべてへということです。

よって、意識とは私たちが持っているものではなく、私たち自身が意識そのものなのです。肉体も精神も、周囲の環境、現実も、すべて意識からつくり出されました。そこに意識の深遠な重大性があるのです。

意識の物質化＝光の物質化

図11は、量子場から物質化する過程を表しています。①のラインは、意識がもたらす次元ごとに振動数を落としながら次元降下し、物質となるプロセスを示し、②のラインは三次元と四次元の下層領域をより高次元と分かつものです。

量子場という素粒子が活動しているエネルギー場が知性を持っているというのは、どういうことなのでしょうか。

人体をはじめ、生命体がとてつもなく精緻で知的な構造や機能を果たしていることに異論をはさむ人はいません。畏敬を抱かせる唖然とするような知的世界なのです。その構造や機能は、特に蛋白質を中核とした分子より遂行され、その分子は原子の結晶、また素粒子の集合です。そうしますと、素粒子レベルでの知的な働きがなければ、すべてがバラバラとなって構造化は不可能です。そういう意味で、素粒子が活動している量子場が知性の源泉として捉えられるということです。

図11は、身の周りの物質、それを形づくる元素も意識から生み出されたということを示

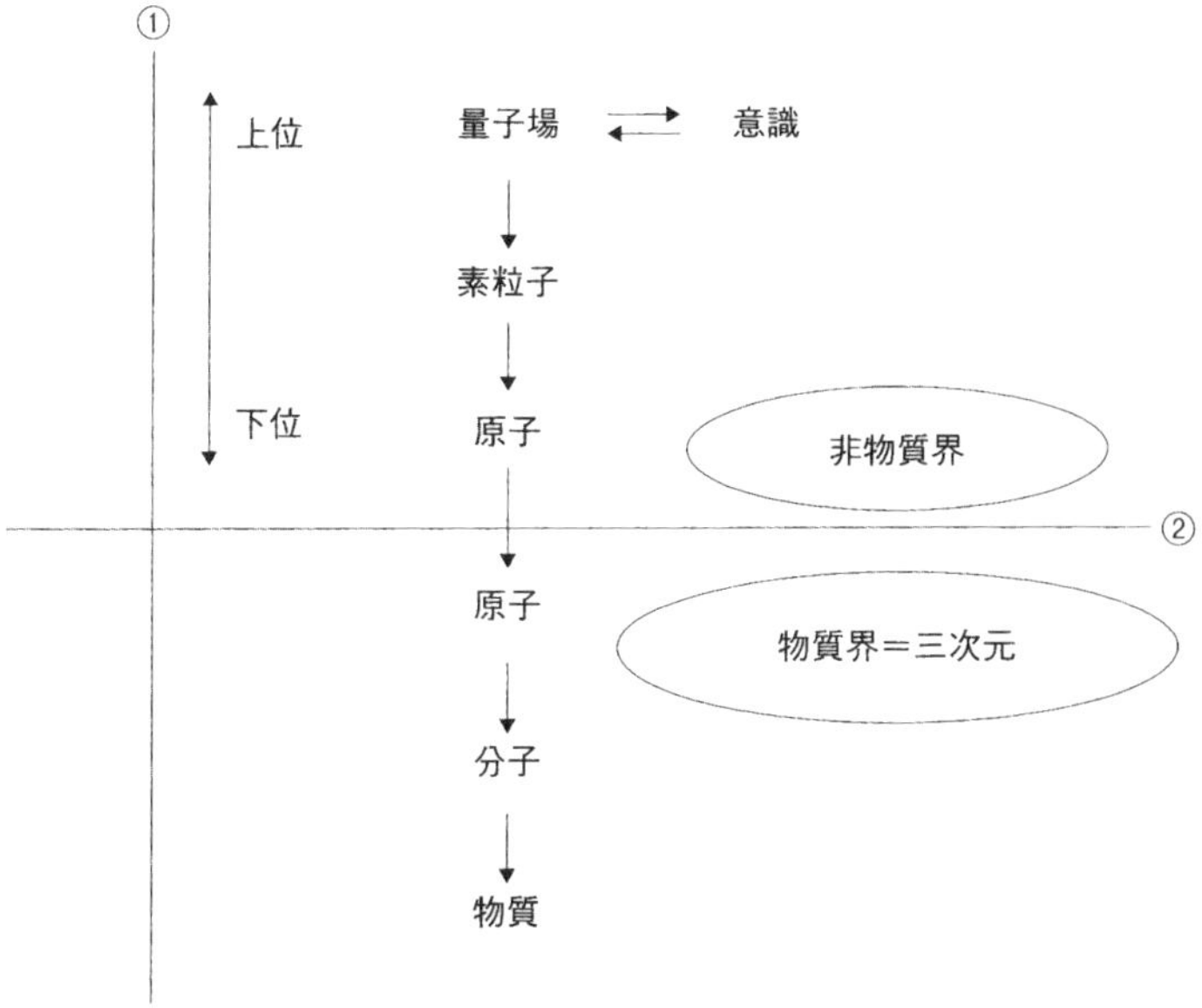

（図 11）量子場から物質化の過程

しているわけです（この図では形態形成場は省略されています）。量子場、素粒子の活動しているエネルギー場が意識の源泉であり、その源泉に意識が働きかけることによって、次第に振動数を低下させて物質をつくります。この世の万物は、そういう意味において意識の展開、顕現されたものなのです。よって、小石から植物、動物、万物に至るまで意識を宿していることになります。

つまり、**意識という精神的働きと物質は同一の起源を持つのです。**すべてが意識の表現、顕現です。換言すればすべては光の表現、顕現です。意識の水準は、根源の超高振動から低振動まであります。**意識水準の違いは振動数の違いであり、振動数の違いは次元の違いを生みます。**私たちの周囲にはいくつもの次元が重なり合い、隣り合っており、人は意識のあり方によっていろいろな次元に意識をとばして生きているのです。

量子場にどういう意識的働きかけをするかによって現実も変わるのですが、このことはとても大事で、人生のレッスンとは、その働きかけの仕方、エネルギーの使い方を学ぶことだといっても過言ではありません。量子場に集中的に理想、願望を現した映像をむすぶことによって現実を変えられます。自分の意識の中で起こる変化が外界の環境、境遇の変化として現れるのですが、あなた自身の意識の振動にないものは経験できません、つまり、現実化はできないのです。思考が現実化すると最近よく言われますが、それはこのことを指しています。

意識の多面的な機能

量子場から意識が誕生するということに続いて、今度は意識とは何かということですが、これは最も根源的な深遠なことについて問いかけているのと同じです。

人には自意識があり、またそれを意識していう意識もあります。自意識こそが私たちにとって大変厄介者で、私たちを悩ませ、人との分離、比較、競争、優劣、対立へといざなうものです。

自分のことだけにかまけて利己的な行動につき動かされていると、次第に息苦しくなり、どんどん行き詰まって自分が本当は何がしたかったのか、存在している意味がわからなくなってきます。何故かといいますと、**意識の本源的働きとは、個別意識——私という意識から、私たちというふうに、他者、自然との統合を模索する方向（統合意識）へと働きかけるようになっているからです。**

その意識のベクトルには、安らぎ、喜び、静寂、神聖さ、創造性、充実感があります。それらを深く感ずる時、あなたの意識のベクトルは正しい方向にあるということです

意識は、量子場「素粒子が何らかの情報をもって活動している状態」から発生します。また、意識は量子場に働きかけて指示を与えるエネルギーでもあるのです。素粒子の織りなす振動状態は意識、量子場、エネルギー、知的働きとして、また情報の担い手として多彩に表現することができる、つまり、それらは一つのものの多面的な働きなのです（図12）。

言葉が異なるため、何か別々の異なるもののように勘違いしがちですが、実は同じ働きを多面的に表現したものです。一つのものはすべてのものへ、すべてのものは一つのもの

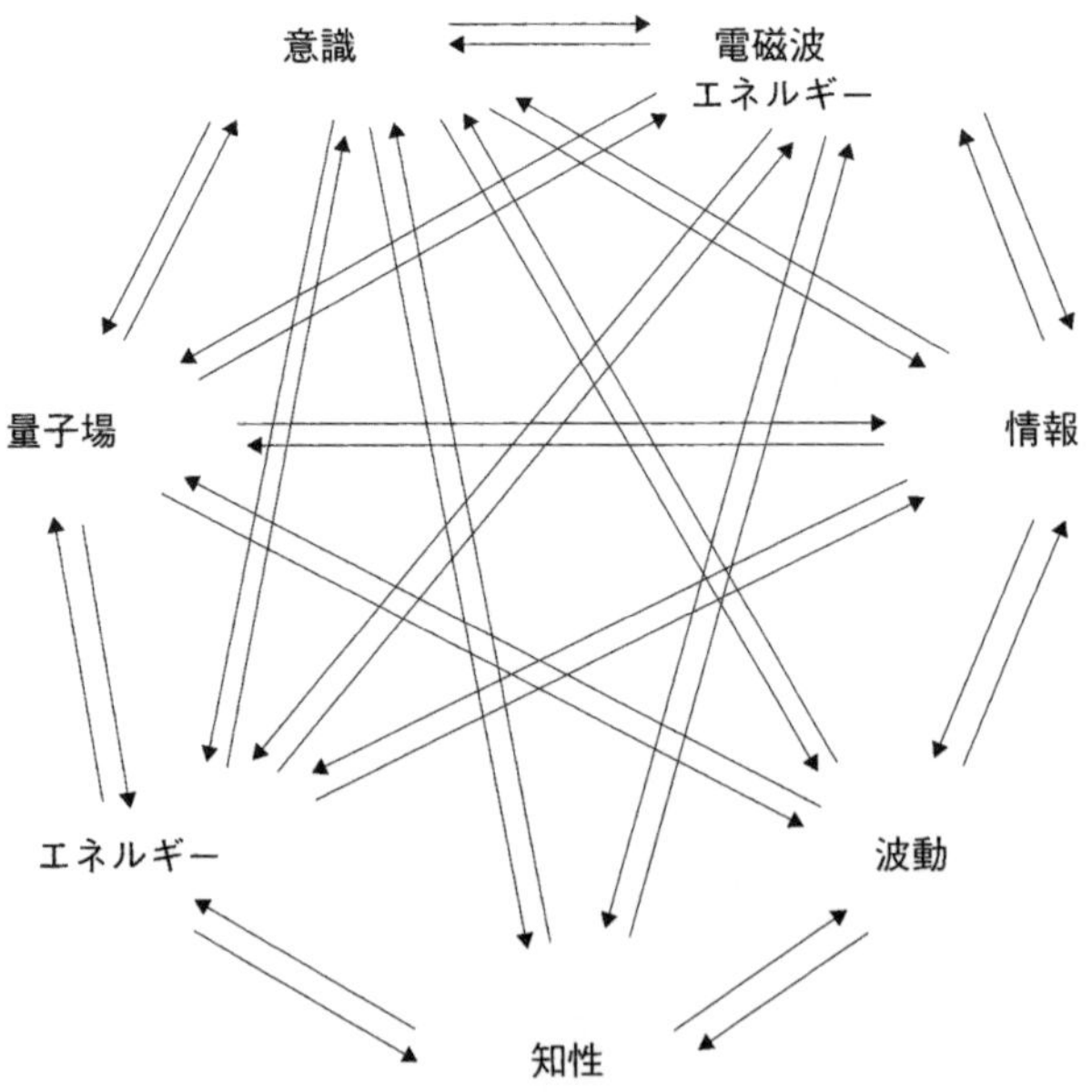

（図 12） 意識の多面的表現

からということです。

これらは根源エネルギーの多様な働きも言い表しています。素粒子の波動状態から知性は生まれ、情報を伝え、他に働きかけるエネルギーにもなり、それは新たな意識を生み出し、その意識が素粒子に働きかけるということです。

振動数が高くなればエネルギー量は増大し、高い意識になっていくのです。高い意識にフォーカスすれば、より大きなエネルギーを得ることができます。意識はエネルギーであり、エネルギーは意識であり、情報でもあります。どのようなエネルギー（電力、磁力、電磁気力、熱等）にもすべて意識があり、知的な働きをするのです。この章の表題、つまり「意識の多面的機能」の中の文章中にある意識という言葉を光＝電磁波エネルギーと変えても何ら差し支えないことを図12は表しています。

量子場から生まれる物質

図13は、意識の働きについて説明したものですが、物質も意識からつくられており、意識の結晶化ともいえます。意識は量子場に働きかける、つまり意識を向けることで物理学では観察効果と呼ばれている量子場効果を持っています。

量子場効果とは、今まで不規則でランダムな動きをしていた素粒子が、特定の意識を向けられると、その意識の内容に応じて、多くの可能性の中から一つを選択し、突如、規則性のある秩序を見つけたように、整然とした働きをするようになることをいいます。意識とは、漫然とした観念的事象ではなく、常に形態を伴います。また、その形態は意識を持つのです。素粒子が幾何学的構造をつくり、その構造の持つ磁力に引きつけられるように、次々と素粒子が凝縮していき、次第に全体的に振動数を低下させ、私たちの目に見えるレ

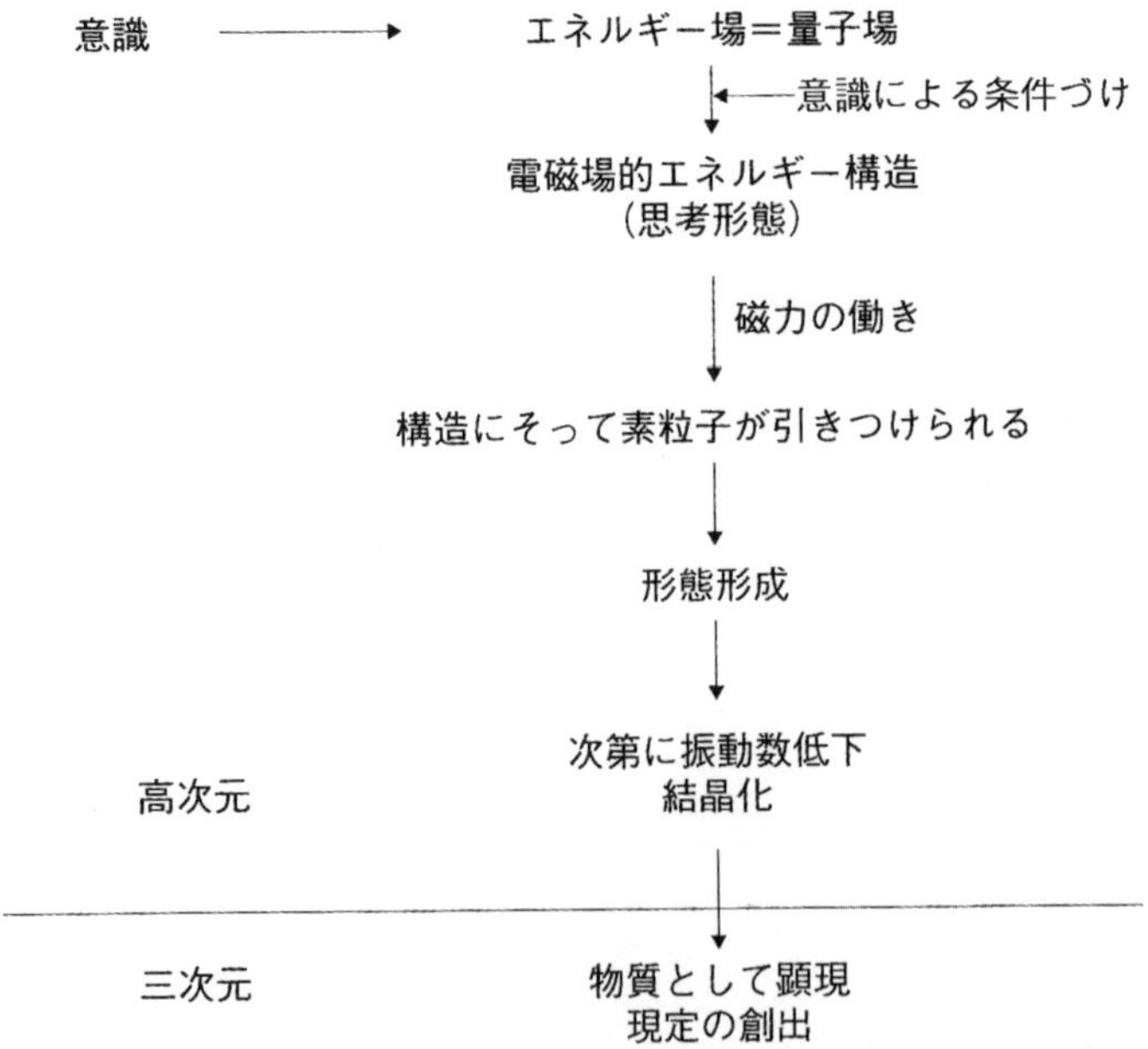

（図13）意識の働き

ベルにまで低下することで、この世に物質として顕現します。

意識が現実をつくるプロセスの話でしたが、意識にはその使い方次第で素粒子を自在に操り、利用することが可能だということを図13は示しています。素粒子の振動数さえ意識の向け方によって変わり、例えば、病気や老化などの身体的制限からも解放されます。また、ある人が自分の身体の素粒子の振動数をある程度以上に上げれば、その人はあなたの視界から突如消えるでしょう。そして、低下させると、まるで映画のワンシーンのように突如現れます。イエスの復活も同じ現象です。

テレパシーについて

宇宙の量子場の95％が電磁場で、ほとんどすべてが電磁波システムといえますから、あらゆるものが相互に情報を与えあうというコミュニケーション能力を持つのです

ここでいうコミュニケーションとは、テレパシーを使ってのものです。テレパシーによるものは、波のように響いてくる、そして意味が即知れる、または思考を植えつけられる感じなのです。

高次元の人々は、あなたにテレパシーでコミュニケーションする能力を有しています。リラックスしているときに突如アイデアや発想、思念が湧き上がる、また絶体絶命のときに何か考えが浮ぶなど、それはテレパシーであなたに植え込まれた思念です。低振動高濃度のこの物的世界においては、波動的共鳴、同調が難しいために、私たちは気がつかないだけなのです。天才といわれる人は、このテレパシーの優秀な受信能力者のことです。もちろん、受信しやすくするためには、特定の分野にて意識の研鑽、集中継続して波動を上げ準備しておかないといけませんが。

あらゆるものが、コミュニケーション能力に応じてあなたの考え方、あり方に影響を及ぼしています。太陽や惑星や植物までもがそうなのです。自然の中にも、種々のエネルギー場があり、相互に情報を交換しながら生きています。宇宙のほとんどすべてが電磁波システムでできており、電磁波、つまり光＝タキオンによるコミュニケーションシステムが構築されていて、瞬時にタキオンによるテレパシーに乗ってすべてが伝えられるのです。そして、宇宙の意識生命体のエネルギー場には意識も知性もあり、情報に瞬時に対応する、外界の変化に反応することができるようになっています。存在するすべてのものは、分子にいたるまで意識を有する存在です。エネルギーは意識、知性を有します。すべてのエネルギーは協力し合うように存在していますが、人間はそれぞれ違う名称を与え、別個のもののように考えてしまっているのです。

自然は太古より土、水、風、火、空の五大によって成り立つと考えられてきました。その五大も意識を持っており、知性を有する存在です。彼らは妖精という姿で現れ、人によってはそれを見かけることができます。童話、おとぎ話、絵画に出てくる妖精は実在し、植物の集合意識も妖精という姿となって現れます。

五大は当然、地球の環境に関わっています。異常気象は、温暖化や環境汚染の影響というのがもちろん大きな要因ですが、それに加えて、人々が大気に放つネガティブな想念や感情の電磁気エネルギーの蓄積がダイレクトに気象に影響を与えます。人の想念、意識が気象にまで影響するなんてほとんどの人は知らないと思いますが、その凝り固まったネガティブエネルギーを浄化するために起こる暴風雨、洪水などはその証しなのです。高次元の世界において、気象は全く安定しています。一年中、五月くらいの陽気で、常緑、草花は咲き誇り、異常気象もありません。**四季の移り変わりが欲しいときには自分の周りだけをそのようにすることもできますし、それを社会全体に及ぼす場合は集団意識によってできます。**

私たちの意識はどこから来たのか

私たちの個別の意識はどこから来たのでしょうか。それは、大いなる高位の魂から枝わかれした私たちの本体である魂から来ています。私たちは今自分が人間であるという意識を持っています。なぜかというと、人間と言われている身体を所有しているからです。人は物理特性に基づいた特別な世界＝物的世界にいますが、悠久のタイムスケールからすればほんの一瞬にすぎません。

今後、魂の進化とともに故郷たる高波動の世界に入っていくのですが、そのときには人間でありながら人間を超えた存在となります。そのときにやっと、一時的に人間になりすましていた人間としての扮飾、仮面をかぶっていただけだったという自覚が生まれることでしょう。

高い意識状態においては、個としての意識は次第に薄れ、大いなる魂の意識の中に融合していきます。高次元の世界は、常に全体性の中で生きるという統合意識の世界です。仏法ではこれを一如の世界、真如の世界、空とも表現しています。全存在の源泉となる、根源の意識体を表したものといえるでしょう。

根源のエネルギー源（根源の意識）が、あらゆる次元、世界へと顕現する無数の振動エネルギーを始動させます。それにより、あまたの意識――魂も発生し、それがすべてを生む土壌なのです。

高次元の世界は、安らぎ、静寂、愛、喜び、神聖さが支配している世界です。もっと高次元、根源の意識は、あらゆるものを生み出すと同時に、宇宙を根底より維持、支えている大いなる大元の意識なのです。当然のことながら、人間をはるかに凌駕《りょうが》した意識であり、根源の意識は「創造」という言葉が表現としては最適ではないでしょうか。

この根源の意識は、古往今来、キリスト教では神、ヒンズー教やウパニシャッド哲学ではブラフマン、密教では大日如来《だいにちにょらい》、仏教では毘盧遮那仏《びるしゃなぶつ》、阿弥陀如来、イスラムではアラー、日本神道では天之御中主大御神《あめのみなかぬしのおおみかみ》など、多彩な名称をいろいろな宗教において付されてきました。また、愚かにも呼称の違いから異教を信仰する者と捉え、永い対立を生んできているのはご承知の通りです。

高次元意識と三次元の自我

統合意識とは高次元の意識であり、自我とは魂がこの物的次元を経験するために魂の一部の振動数を減衰させてつくり上げたもので、機能的には制限のあるものとなっています。広大な意識の世界にひきかえ、私たちが意識できている、知覚できているものがほんのわずかなのは、人間が脳の10％以下しか作動させてないからでもあります。三次元的な世界の知覚に閉じ込められた意識だからで、そのため知覚できる世界の90％以上は意識できていません。さらに、五感が非常に狭い周波数帯に対応するように発達して、限られた光、音などのエネルギー情報しか活用、情報化できてないからです。

また、この世の人々の意識がこの物的世界のみに限定、制限されているのは、自我の壁（自分でつくり出した思考パターンでの思い込み、先入観）により、物的世界以外の世界を全く意識にも上げずに排除し、意識を非常にゆがんだ偏狭な状態にしてしまって、自我意識（物的意識）以外の90％の意識に厚いフタをかぶせているからです。

本来、意識には意識も無意識もありません。ただ意識があるだけです。人間が壁をつくってしまって、自分が何も感じなくて葛藤や悩みを抱え込ますに済むように無意識をつくったのです。うまいやり方といえなくもありませんが、**閉じ込められた鬱積したエネルギーは意識を持っていて、解放を求めて、まだここにいるぞ！と承認、認識してもらおうと、精神的な不調や肉体的な病気を起こします。**それがいわゆる心身症です。無意識領域にある無数のプラズマからできた想念形態が解放を求めるサインが心身症であり、鬱積した負のエネルギーは思いのほか多くの病気の原因になっています。

禅宗では、座禅、瞑想、また作務などの修行をしますが、それは他ならぬこの自我の壁を打ち破るためのものです。自分の中にすみついた固定概念、独り善がり、そして、思い込みやうっ積したネガティブな感情を解き放つこと、本来の自己の周りについている汚れを洗い流すこと、真実を見出して受け入れる、身に処すことが修行となっています。

自我とは魂の三次元限定機能、出先機関です。この物的次元で生活する、適応していくための事務処理機能、現実検討能力を果たすもので、それなしにはこの世でまともに暮らすことはできません。魂の機能がこの鈍重で制限の強い、高密度の世界においてもうまく十全になるようにするための、この世での魂の助手、従者のようなものです。しかし、長くこの世界にいると、主たる魂をさておいて、助手がこの世での主人のように振る舞い、また人は絶えず話しかけてくる助手の話ばかり聞くようになるために、いつも大きな問題を起こしてきました。実は、そのために助手にも大きな負荷がかかり、疲れ、本来の役割を大きく逸脱したものとなっているのです。

この自我の壁が破壊されると、高位の意識から大量の情報、知恵、光、新たな知覚が奔流のごとく流れ降りてくることとなります。高次の意識の世界に戻るために変容させるべきは、この自我の壁です。人は特定の観念や感情に支配、コントロールされて生きています。どのような考え方、心の癖があるのか、それを絶えずチェックすることはより広い世界、光に満ちた世界へ移るためのファーストステップです。

考え方、感じ方の癖

今後は毎日、ことあるごとに自分の意識に刻印する想念や感情に対して気をつけるようにしましょう。どんな思いや感情を感じているかに気づき、自覚することから始めてください。まず気づいて、自分にはそういうところがあると認めて、受け入れる、それが第一歩です。そこで自分を責めないで、自分の中で戦わないでください。自分との関係がまず大事です。自分が自分のことをどう考えているかを知りたければ、自分が他の人に対してどう思って、どう対応しているかに目をやれば、それが自分に対して抱いている態度、認識と同じなのです。

自分のことはよくわからないが、人のことはよくわかるということはありません。人は自分のことを理解している程度に応じてしか、他の人のことも理解できないからです。また、自分に対する愛情の深さと同じ程度に、他の人に対しても愛情を持っています。そういうふうに、何事も自分から始まるので、自分が操縦士として想念、感情に対して明確な意識を持って方向づけをすることで、意図的に選択した新しい生き方をすることができるようになります。**毎日の少しずつの意図的な積み重ねが、**あなたを高い意識状態に連れて行ってくれます。従来のように、無意識の内にすみついた思い込みや、信念体系に駆られた衝動や行動の支配下に置かれない自分をつくって、夢遊病の状態から脱しましょう。それができないと、**特にストレスがかかって感情を激しく揺さぶられる、また欲求不満のときなどは特に人は弱点、問題点が炙り出されます。問題のある想念や感情に根差した行動が、無意識のうちに、自動的に何度も繰り返さているはずです。**人間は同じことを繰り返す強い強迫性を持っているので、日々の気づきが必要となるのです。

人は非常にワンパターンです。毎日同じことを繰り返しています。問題のある想念や行動がパターン化し、あまりにも身近なために気づきにくくなっているのです。そういった、自分でも気づかずに自動化している問題反応や行動がないか、じっと監視してみてください。

　高い意識をどう保持するのか、そのためには前に触れた高次元の実相を深く理解すること、加えて、心の動きを意識し方向づけることが肝要です。人の意識のあり方は、簡単に変わるようなやわなものではありません。自分につらくあたったり、批判したり、責めたり、戦ったりしないで、高い視野から自分の心の動きの妙なるウオッチャーになってください。気づくことで、問題のある事柄のエネルギーが衰えて変わっていくためです。**統合意識による心のあり方があなたの自然になるまで、これを日常生活における修行としましょう。新たな考え方、心構えが習慣化して初めて負の習慣、癖を削ぎ落とすことができます。そうして新たな自分をつくり上げることができるのです。**

　エゴ意識になるほど意識の振動数は減少し、統合意識になるにつれ高くなります。エゴ意識の主導のもとにある人は、何かにつけて人の優劣、損得、比較で評価しますが、それはエゴ意識がしていることで、統合意識はエゴ意識とは全く違うことを考えています。エゴの主導のもとに行動していくと、だんだん行き詰まって、何か窮屈な、何にも楽しくない、自分が何を求めていたかわからない状態になります。

エゴ意識による判断、評価を真剣に受け取らないように、またエゴ意識がやっているなとすぐに気づいて、相手にしないようにしましょう。そして、エゴによる考えだとわかるとエゴのエネルギーは減衰していきます。エゴは、人をしていつもと同じ、ワンパターンに留めおくことが得意なトリック名人ですから、油断できません。**統合意識に委ねたほうが楽になり、心ものびのびと楽しくなってきます。人間はそのようにできているのです。**

統合意識とは愛の意識であり、自分を大事にし、人にも慈愛の心をもって向き合う、自分と他の人を分離したものとして考えない意識です。**この意識は、ただ甘やかせる、人の望むようにする、情にほだされるものではなく、眼識のある、洞察力の伴った愛のことをいいます。**本当に相互のためになること、成長に資することを優先して行うことですが、それは必ずしも今の期待や要望を満たすものではないかもしれません。

統合意識の下した決定にいるとき、不思議とエゴは静まり、安らぎを覚えています。高い意識状態を保持することが続くほど、利己的欲求に振り回されることが少なくなり、物的関心も薄くなっていきます。今までとは違った高い視点、新しい観点から、広く物事を見渡せるようになったからであり、人との防衛的な垣根が取れてゆったりした心境になっていくでしょう。

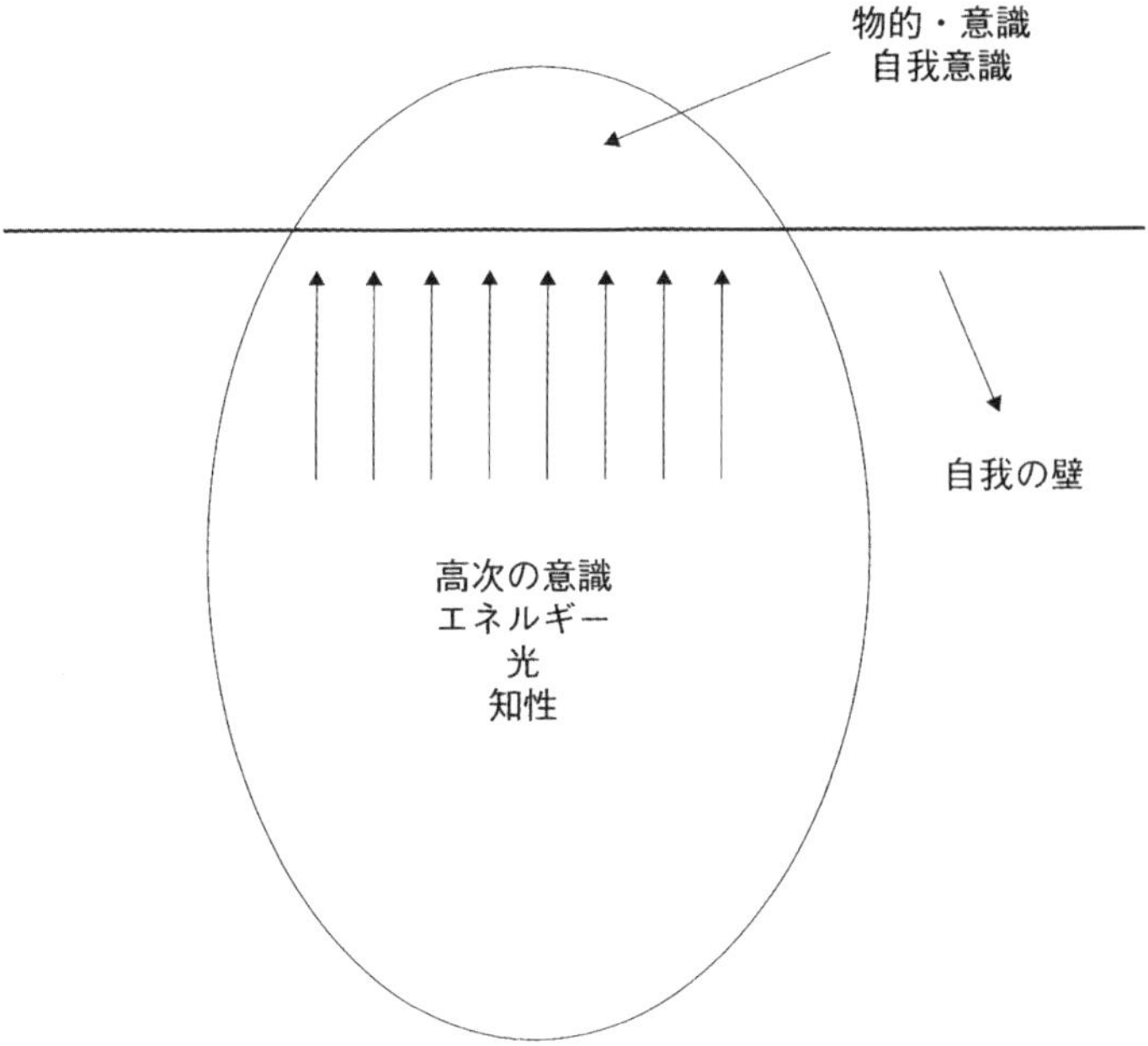

（図 14）意識と自我の壁

低い意識は、現実という舞台で演じている役に夢中で、それが単なる芝居だということに気が行きません。その役は、高いところから見ると、長い転生の中で一時的に演じているにすぎません。だから、この世のドラマの展開の中で起こることに対してあまり深刻になる必要はないのです。

　あまりにも長く低い意識になじんでいると、魂の意識はそれを看過するわけにはいきません。衝撃を与えて本来の道に戻そうとします。病気や試練、困窮などは、本人にとっては自分が何か悪いことでもしたのか、なぜ自分にこんなことが振りかかってくるのかといぶかしがり、怒り、不安や自信喪失にさいなまれるかもしれません。しかし、高次元の意識からすれば、自己満足したマンネリな生活で、本来すべきことをないがしろにし、利己的な生活に明け暮れる世界からの覚醒を促すのです。高次元の意識においては精神的な成長のみが重要であり、それ以外のことはどうでもいいのです。だから試練と苦しみを与えてまで、今までとは違う新しい視野、見方、意識が持てるようにいざなうことをあえてします。

万人に宿る根源の意識

根源エネルギー、根源の意識状態の世界は、喜び、やすらぎ、神性さに満ち、光にあふれた世界と表現できるでしょう。しかし、その世界は、私たちの外に別の次元に存在するものではありません。これは非常に重要なことですが、万人の中に根源エネルギーの振動があります。根源エネルギーといつもつながっていて、それは常に万人の内にあります。**あなたの意識の内には、光あふれる喜びや安らぎに満ちた神々しい世界があって、これは今まで失われたことはありません。**

それは魂の中にある意識で、私たちはそれを長い間忘れてしまい、その世界に対するアクセスの仕方もわからなくなったのです。この根源の深奥の世界、これこそが意識の中心点であり、私たちの思考と感情の中心点となるべきものです。何かあればすぐこの中心点に帰ればよいのですが、どう帰るのか、それは前にも話した統合意識に自分の意識を方向づけること以外にはありません。根源の意識は統合意識だからです。**すべての人に神聖な意識、高次の意識が宿っている聖なる存在であるということを意識、認識することがその第一歩です**。人にはいろいろな外観があり、神聖な意識がいろいろなぬいぐるみを着て、この地球上で生活していると考えてみてはどうでしょう。

深奥の意識が根源の光のエネルギーで、意識進化の中枢であり、源泉です。その大きな支柱、根幹がなければ、自分自身の思考や感情のネガティブサイドを変容し意識的に進化できないのはいうまでもなく、末流にある意識は本流の流れへと、またその源泉へと遡上することはできません。

根源のエネルギーは可能な限りの方法で自己を組織化し、その組織された自己は自己認識、自己感覚を得ることにより自分自身に気づいていきます。その働きでできた一部のものが人間です。自己感覚を得た個体は、自分自身を絶えず刷新して新しい**自己を創ろうとする本源的な衝動**を持っています。そのことから、創造的な活動を通じて自己を刷新すればするほど、それだけ自己は活性化され、より創造的な行動へといざなわれるように人間はつくられているのです。

根源エネルギーを神と呼ぶならば、人格を持った個人としての神はいないということなります。根源エネルギーを創造と呼ぶこととしますと、**その創造から人間は生まれ、創造に代わってこの世界を経験するために生まれてきた存在です。それがゆえに私たちの出自は尊い聖なるもので、無限の光の存在なのです。**経験を通して成長し、その成長段階に応じて自己の次元や世界を絶えずつくっている、また自分自身も新しくつくりなおしてもいます。そういう存在であるあなたが、今この三次元世界というせちがらい世界にいるのですが、それは悠久の時の中ではほんの一時、物質界にいる人間になっているだけなのです。

ここからが非常に大事で、自己認識の根幹にかかわり、自信をもって生きることができるのかの分水嶺になる箇所です。それは、高次元世界においては至極当たり前の認識、常識、一般社会通念なのですが、この地上においては全く信じられもせず、教えられたことも、考えられたこともないかと思います。

今まで何度も触れてきましたが、**それは自分が根源エネルギー、創造に直につながり、今まで離れたこともなく、離れては存在もできない存在で、まさに光の存在であるということ。すべての人間がそういう存在で、根源の大いなる魂といずれ一体化する存在です。**

それが真実のあなたの姿、それを忘れているだけなのです。はじめは疑念や不信感が生じることでしょうが、ぜひこのことの意味を深く感じ、意識にしみ込ませてほしいと思います。

そのことが深く理解されればされるほど、プラーナがあなたにどっと流れ込み、あなたを活性化しますし、物事がうまく、円滑に運ぶことにあなたは気がつくでしょう。振動数も格段に上がり、高次元からの情報がどっとあなたに流れ込んできますし、インスピレーションがどんどん湧いてきます。あなたが高次元と通じやすい心の態勢ができたから、またあなたの認識が正しい方向にあるからです。**根源の魂に近づくにつれ、高い次元に行くほど、私たちはすべて同じ存在です。**そこから個体化、個別化が図られました。そういうふうに人間はつくられたのです。人間は皆、大いなる魂から分かれてできたということ、そのことに対する疑念や不信が、この三次元の中で困難な状況をつくり続けている重大な原因となっています。自己に対する正しい認識なくして他者を理解することはできません。人は自己の理解の深さに応じて、他の人のことも理解できるからです。

自分の与えたものが自分に返ってくる

最後に、自分がつくったものが自分に返ってくる、自分がつくったものを自分が体験する必要があることについて言及します。自分が与えたものを自分が受け取るのだということです。与えない限り、受けとることもできないのです。

意識活動である観念、思考の中には、魂レベル、五次元を反映したものもあれば、四次元の下層界や三次元的なものを反映した自我、エゴを反映したものまであります。自分がどのような観念、思考を放っているのかについて、人は無頓着で知りません。でも、その**放ったものが物理的現実として結実したものを、あなたは体験しなければなりません。つまり、あなたが外に出したものと象徴的に同じものが、そっくり自分に返ってくるというわけです。**出したものが返ってくる、自分が与えたものが自分に戻ってくる、自分が受け取れるもの、受け取るものとはそういう関係にあります。

ですから、自分の人生を支配する固定観念や思い込み、決めつけ、先入観、思考の内容や感情のあり方、心構えについて常に意識的で、気づいているということが大変大事であるということがわかると思います。

あなたの振動数があり、その振動数の高低により高次元から低次元までの世界が誕生しますが、思考の結果としてそれをシンボル化した現実に住む、経験することとなる、自分が与えたもの＝自分が外界に放った想念、感情と共鳴するものが現実となって自分に返ってくることになります。自分の振動数と共鳴しない現実は経験できない、受け取れないというわけです。

第十一章　魂とはどういう存在か

魂はどこから生まれてきたのか

さて、ここで今まで何度も話に上がった魂ですが、果たして、確かなものとして本当に存在するのか、どういう機能を持っているのでしょうか。

疑念を持たれるのは当たり前のことです。今までそのような存在が確かにあるなど、誰からも教えられず、考えたこともなければ至極当然のことでしょう。魂はもとより、高次の魂などというものをいったい誰が想像できたでしょう。

魂こそ恒久に存在する真の自己であり、光輝くエネルギー体であるとまずいっておきます。

文明の曙から、文字、哲学、宗教において、魂という言葉はよく使われてきましたが、あくまでそれは観念的、形面上学的な抽象でしかありませんでした。この章では、魂が実体を持ち、驚くべき機能を有する私たちそのものであることを順次説明したいと思います。**魂はそれ自体、そのエネルギー、能力、潜在的な可能性において宇宙の中でも別格の意識単位です。**あらゆる方面で、自らが実際に体験して学ぶことを求めます。魂とはあなたが所有しているものではなく、あなたに属するものでもなく、あなたという存在そのものなのです。

　そうすると、魂はどこにあるのでしょうか。それは、胸部中央ハートチャクラが存在するところにあります（図15参照。これは三次元空間的にはそうであるということで、魂自体は五次元に存在しています）。当然、高振動の不可視の光を放つエネルギー体ですので見えません。ハートチャクラは愛の感情、無条件の愛と受容というエネルギー場であり、最も進化を促進させるエネルギーを生み出す座であり、ここに魂は存在します。そのハートチャクラの約三センチ奥まったところにあり、星がきらめくごとく黄色の光に美しく輝く光の炎としてイメージしてみてください。

　一方、**エネルギー的には、魂は身体の中にあるというよりも、魂のエネルギー場の中に身体があるのです。このエネルギー場で身体を包みこんでいるのです。**

　魂は根源エネルギーから生まれた意識単位で、高次元の光の構造体がその成分です。光の世界はあなたの魂の中にあり、それは根源エネルギーといつもつながり、あなたを永遠

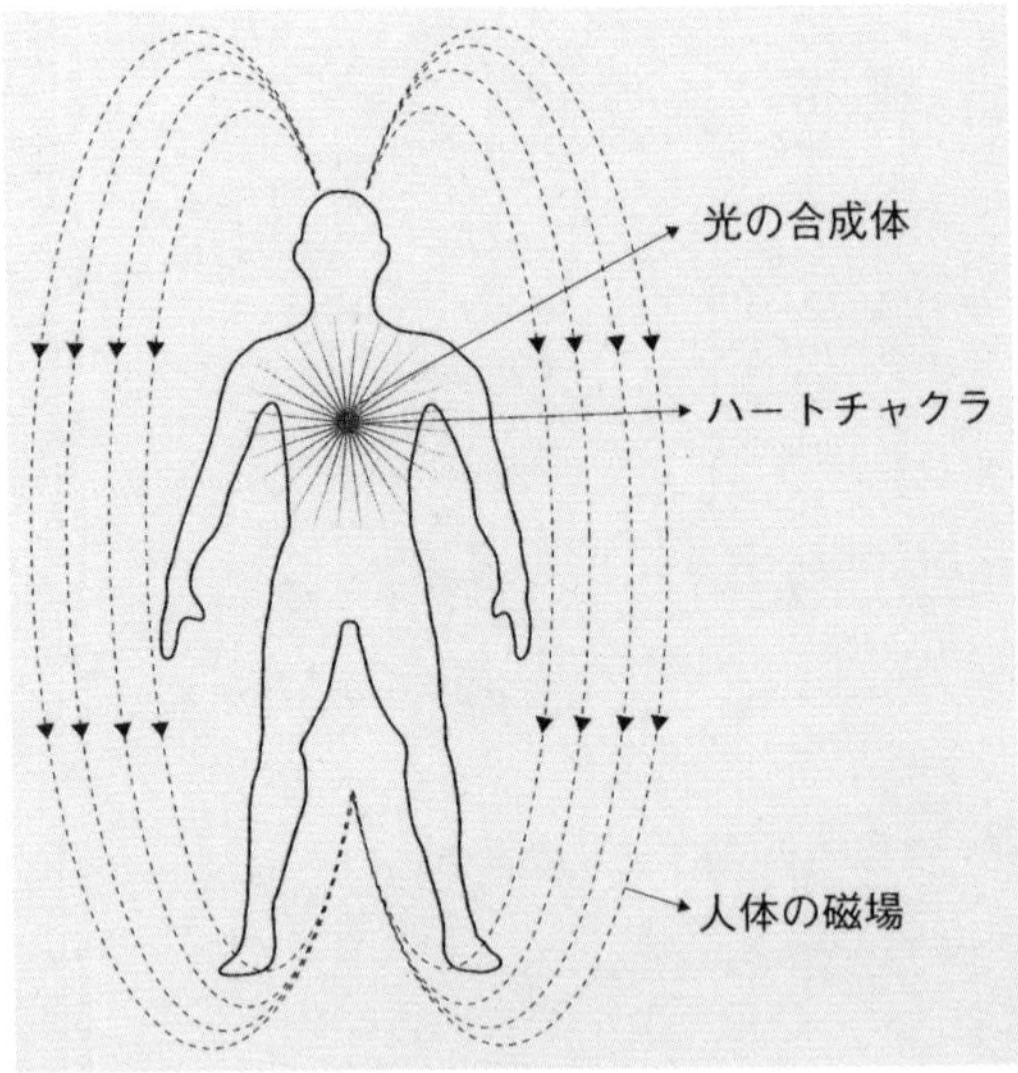

（図 15）魂の位置

に創造の光により輝かせ維持します。

より高位の魂からの分身として、新しく生まれる身体の中に、純粋な全く白紙の状態で入っていきます。この白紙にどういう絵を描いていくかはあなた次第です。この世に誕生するときには、それまで経験した記憶は何も思い出せない状態（過去世のことをいろいろ思い出し、記憶がしっかりあればこの世での学習、成長の妨げとなるから）にしているため、自分がいったい何者か、何もわからないままこの世界に降下し、放り込まれたような感じがする人が多いのではないでしょうか。

どの母親の胎児として入るかを母親と魂レベルで合意した後、十カ月の妊娠期間中、何度も子供の魂は母親の胎内から出入りして新しい肉体とのエネルギー調整、いわば試着をします。最終的に肉体、光の身体すべてを魂にとってピッタリと合った状態にしていき、その際、特に液体~ゲル状プラズマは魂と肉体の接着剤として働きます。

魂は、次の人生を送るにあたって、自分にふさわしいDNAを探しあて、両親となる方は自分たちの成長を促してくれる魂を持った子どもを得るのです。両親となる人は通例、魂の属する集合魂――ソウルグループ（何千もの魂の集合体）の中から選ばれます。あなたの転生は自らの選択により彩られたものであって、これは罰とか他よりの強制があってのことではなく、自らの意図的な選択です。

ありとあらゆる経験を積み、本当にしっかりと物事を理解するため、弱者、強者、貧困、富貴、加害者、被害者、多くの文化、民族、人種、時代にわたって転生します。物事は、じかに経験して初めてわかるからです。この転生は地球ばかりではなく、ほかの惑星、恒星においてもなされますが、これは何もあなたがそっくりそのまま転生することを意味するのではありません。このことは後で説明します。

転生は、人生という舞台に立っていろいろな役割を演じる俳優によく似ています。白人を演じたり黒人を演じたり、貧困にあえいだり、金持ちも、善人も悪人も演じてきました。舞台俳優のように演じられた多くの人生という芝居は、いわば自作自演のつくりものであり、その中から多くの知識、叡知を学ぶようになっています。人生という舞台に登場し、役の上で絡みあった人々も、その役を演じる俳優であり、それぞれの学習があったのです。

芝居はつくりものにすぎず、登場人物は何の罪も責められるものではありません（もちろん、法に触れるほどの行動は別ですが）。等しく神聖なる本質を持つ登場人物もあなたの演出による芝居にすぎず、あくまでも芝居以上ものではありません。その考えに立てば、芝居の中に登場した人々や自分を許し、許容することができるはずです。

魂がこの世に入るのは、胎児に宿る方法だけではありません。①通常は、出産を経て肉体に魂が入るケース②三次元の肉体に他の魂と交代して入る場合、また、ほかの魂と一緒に入る場合③高次元の光の身体に入っている魂が直接光の身体の振動数を下げて物質化、肉体化してこの世に姿を現しているケースがあります。

魂と創造のエネルギー

魂とは、図16に示されているように、人間にだけに生まれるものではありません。人間としての生、転生はその一部です。

高次元においては、人間やほかの動物、植物、龍、イルカ、クジラ等ともコミュニケーションできます。すべてが創造の一部で意識があり、心があるからです。魂は、人間として何も地球だけに転生を限っているわけではなく、ほかの惑星、恒星、他の銀河にも転生

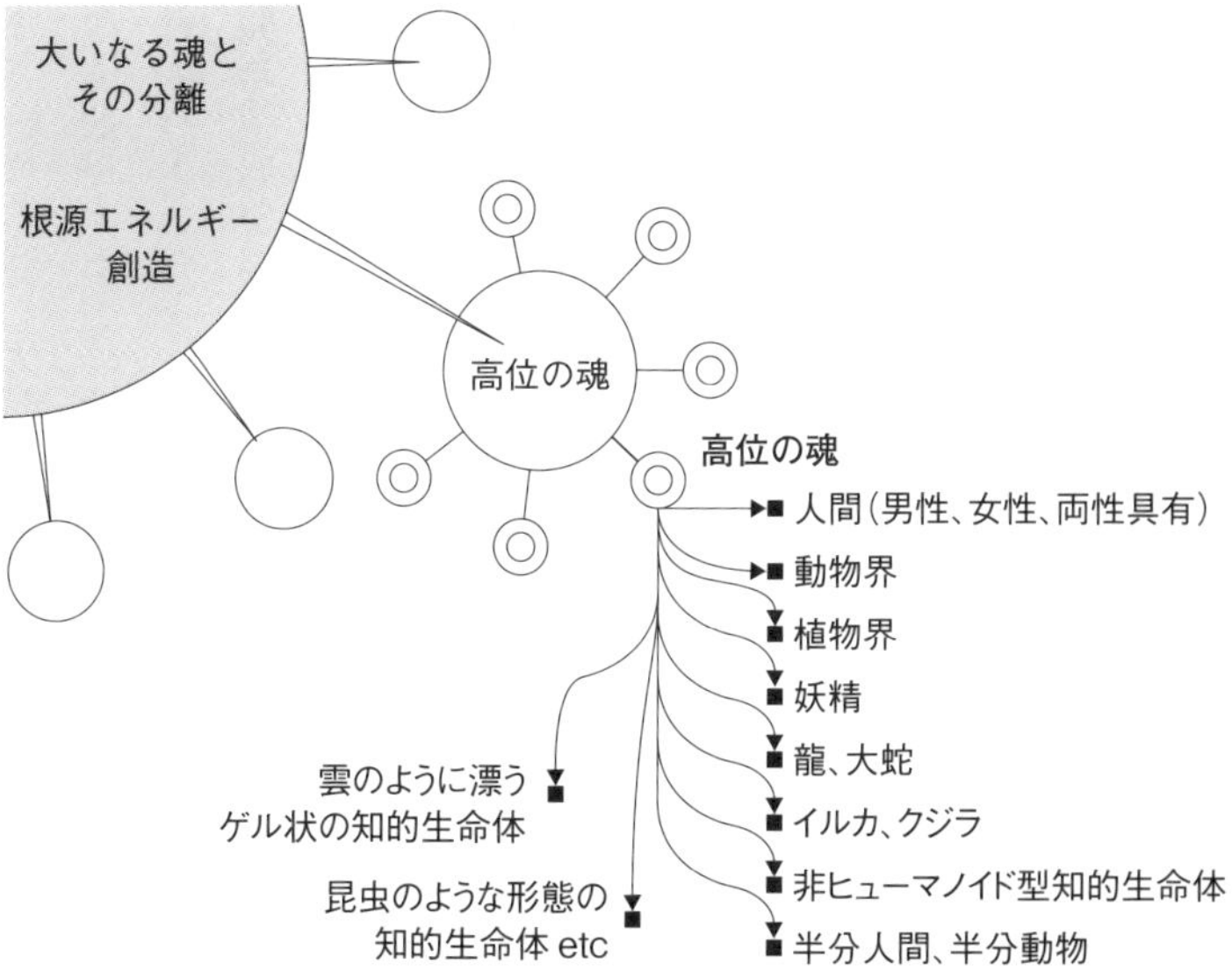

（図 16）魂の多様な存在形態

したことがあります。高次元世界は、時間空間や物理的制限を全く受けることはありませんので、こういうことも可能なのです。

魂の根源は、創造のエネルギーであり、その複製体としてあなたの高位の自己——魂が発生し、そこからまた分身としての魂が生まれました。その魂は人間だけに生まれ変わるのではなく、たまには動植物にも人間以外の知的生命体にも生まれ変わります。前述したように、魂は人間という存在をはるかに超えたものなのです。私たちは、一時、人間としてこの世界に住み、人間の変装をして人間になりすましているともいえます。転生を通して数多くのバージョンを、魂は持っているわけです。

人間であるという部分は、魂という生命のすべてを表現できるものではありません。魂は創造エネルギー、根源のエネルギーの複製体であり、万物はその根源のエネルギーの複製を蔵しています。魂は、あらゆる生命形態に順次分離、分身化していきました。それは可能な限り、さまざまな経験をするため、そのことを通して物事を完全に理解するためなのです。

魂は創造＝根源エネルギー、宇宙の最もパワフルな光から生まれた光エネルギー体であり、それは決して破壊されることのない、生きて意識を持つ存在といえます。宇宙のすべてのものはエネルギーでできている、エネルギーフィールド（エネルギーの集積している場所という意味）です。それは休みなく運動、振動しています。**魂というエネルギーフィールドは、休むことなく、私たちが眠っている間も物質的制限を一切受け入れずに自由自在に移動し活動しています。**宇宙内存在はすべて電気（電子の流れ）と電磁気（光）のエネルギーの振動により成り立っており、私たちも電磁気エネルギーのエネルギーフィールドです。

高位の魂はあまりにもエネルギー準位が高く、そのままでは三次元——この世において存在することは不可能です。そのため、エネルギー準位を下げ、意識レベルを下げて初め

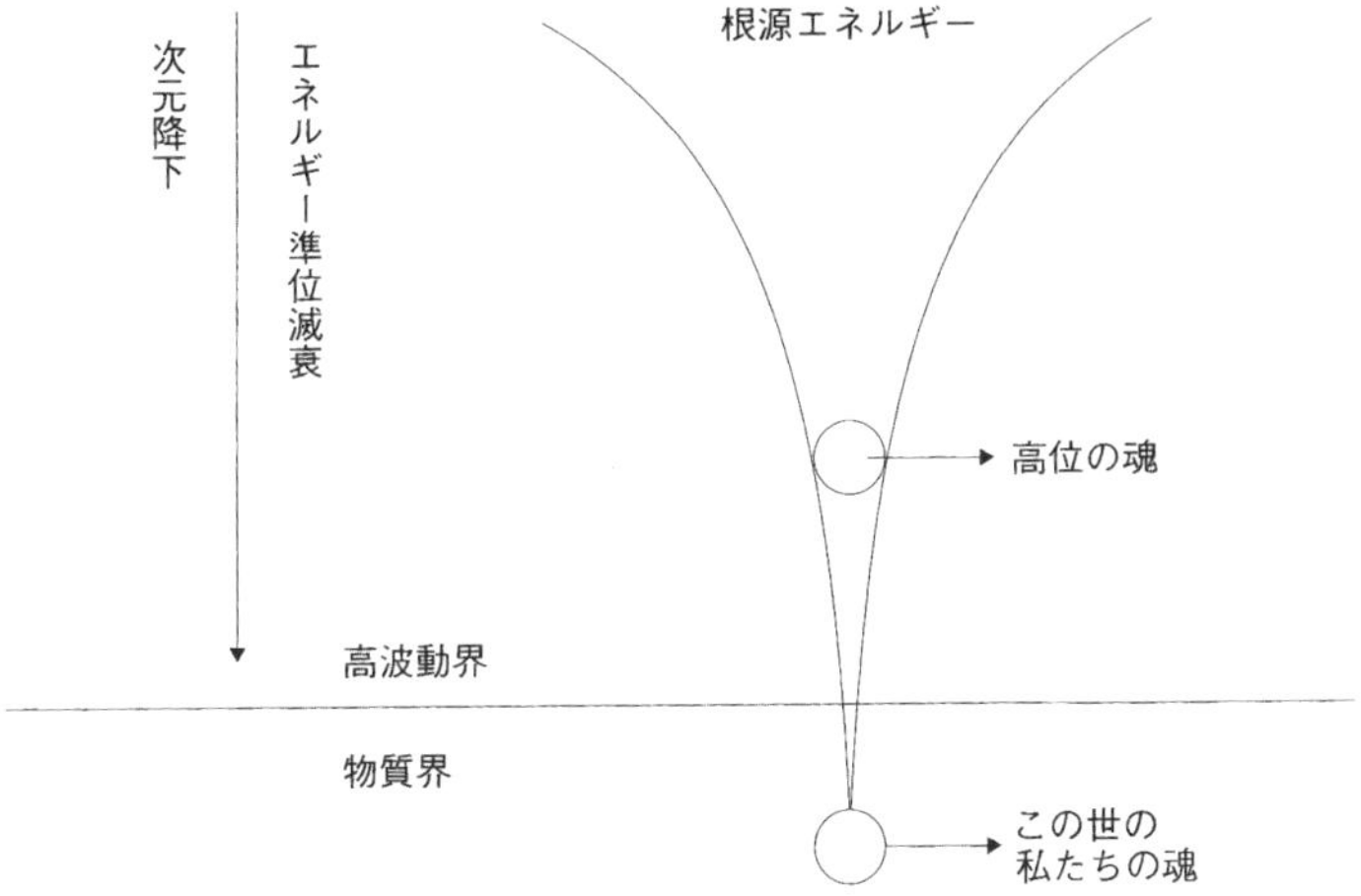

（図17）低エネルギー化した魂

て、三次元の波動レベルに調和する魂として存在することができます。つまり、**高次の魂の代わりに、その代表としてこの世に生活しているのが私たちなのです。**ところが、物的世界にあまりに囚われてふけり、自分の故郷を忘れてしまった私たちは、高次の魂との絆を忘れ、高次のエネルギーの流れが阻害されてしまいました。

　魂はスペーストラベラーです。今は人間の身体に宿って、この地球の三次元世界を経験している最中です。魂は根源のエネルギーからつくられた被造物でありながら、同時に創造する意識でもあります。常に精神的進化を求めてスペーストラベラーとして種々の経験を重ね、創造し、また創造したからにはその創造したものを自ら経験しなければなりません。

魂は今まで大部分の時間を物的次元以外の世界で過ごしてきました。この地球で一時の間、最高に物的進化を遂げた肉体に入ることにより、人間であること、この地球に生活するとはどういうことかを経験しているのです。

根源エネルギーの自己複製

魂は融合したり分身をつくったりします。**生命の本質的機能、特徴は、自己を複製することです。**根源エネルギーの自己複製としての高次の魂、その自己複製としての下位の魂、それのエネルギー準位を低下させて、やっとこの世にも存在できるようになりました。再確認しておきますが、魂が私たちなのです。肉体があるからこそ、この三次元に存在できます。肉体は仮の宿というところですが、この宿は最高級な宿で、物的進化の最高峰にある稀有のものと考え感謝しましょう。感謝の証としてよくメンテナンスしなければなりません。

魂とＤＮＡの中には、根源エネルギーの性質、リズムのすべてがコード化されて組み込まれています。複数の魂の記憶をミックスさせて新しいハイブリッド、ブレンドの魂をつ

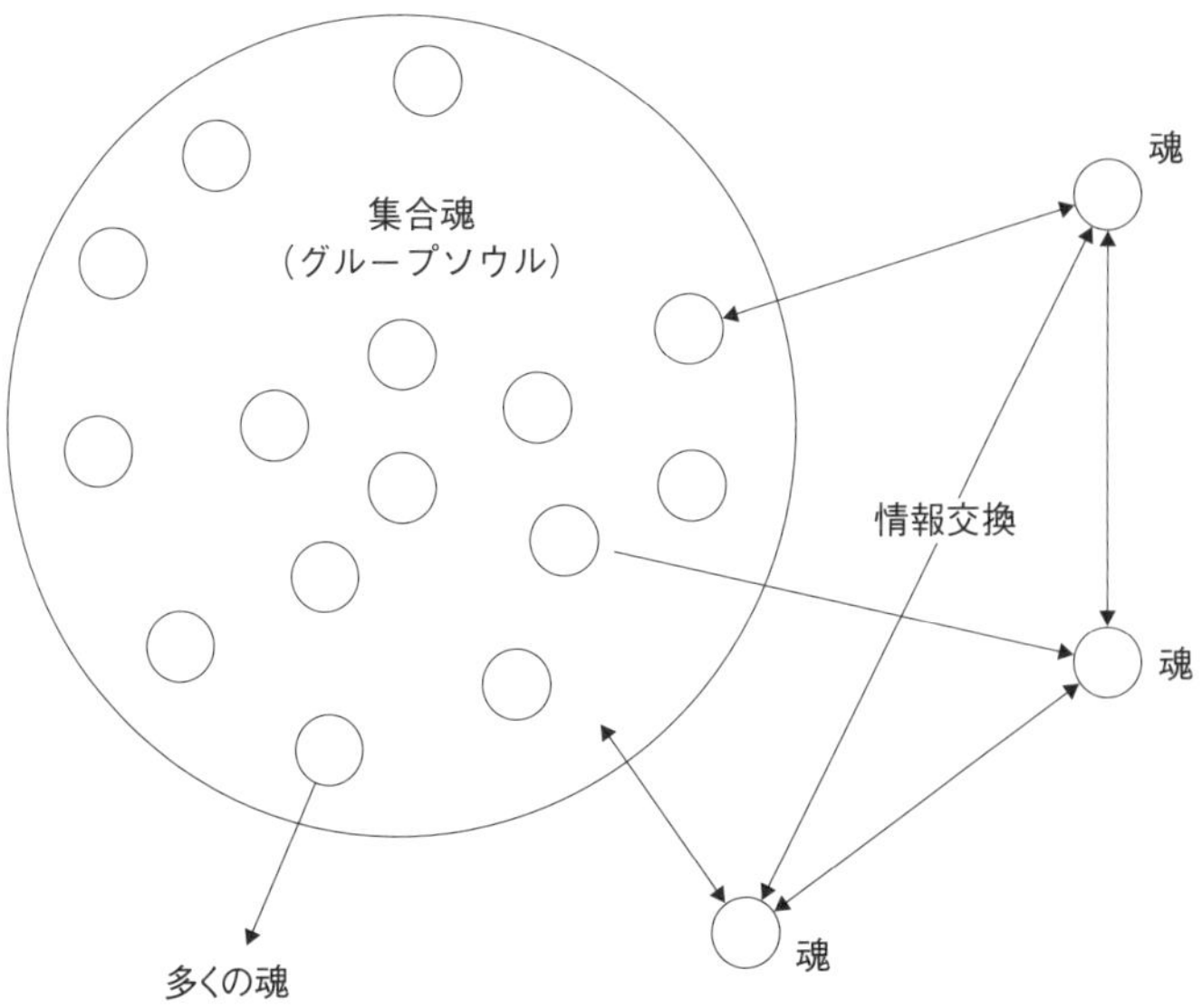

（図 18）魂の情報交換

くることもできるのです。魂は個人情報を含む量子的エネルギー場であり、そこでは情報を更新し、他の魂の情報をダウンロードしたり、情報交換したり、現在のコンピューターと同様な機能を持つ、いわば生きて意識あるスーパーバイオコンピューターとも表現されるものです。

魂は根源のエネルギーに直結して決して離れることはないので、そのエネルギーをいつも供給されているわけです。魂はより高位の魂に入っていくにつれ、驚異の知性、叡知を保持しているフィールドに入っていきます。それは高エネルギーの光あふれる世界であり、病気や貧困、障害、不安もなく、喜び、安らぎ、神聖さ、静寂さに満ちた世界です。

仏教でいうように、魂はすでに悟りの意識＝根源の意識を内に備えています。自分の外に自分の他に神や仏を求めるのではなく、それは自らの内にあるというのは、そういう意味合いからです。今はただエゴ意識に妨げられて、その振動数の世界にアクセスすることができない、そんな世界があることをすっかり忘れてしまっているだけなのです。

そして、根源のエネルギーからの分身が分身を生み、いろいろな時代、場所、環境、文化の中で、それぞれの影響下に色づけされた魂ができてきました。これが、魂の分身、個別化のことです。

根源からこの世にまでエネルギーを下げる必要があったのは、高位の魂を、少しずつ振動数を低下させ、つまり次元降下して、その間にさまざまな世界を経験しつつ、次第に低い振動数になじませるためでした。そうして、三次元においての存在のあり方、物的特性を学ぶためだったのです。

この物的次元に存在するために、高位の自己の広大な領域、多くの部分を高次の世界においてくる必要がありました。私たちのように低振動数となった魂は、多くの知性、徳性、記憶、パワー、光を削ぎ落とした形で存在していますが、こういう形でないと、この物的次元の振動数が低いために存在できなかったのです。

もし、低振動の魂の人生が物的次元のネガティブエネルギーの影響を受けているとしても、高位の世界にいる大いなる自己の魂を汚染したり働きを妨げたりすることはありません。パワーと振動エネルギーレベルの桁違いの相違があるからです。この高位の魂に今後融合していくのが、私たちの今からの旅路です。

高次元にある広大な魂にアクセスできるようになるにつれ、いかに私たちが自分を肉体と性格だけの有限な存在とみなしてきたかがわかるはずです。高エネルギー、高振動数の世界から肉体の中に住むには、高密度、低振動化しエネルギーを減じてきましたが、今、私たちはその逆の旅程にあります。もう私たちは十分苦労し、多くの経験を積んだのです。

高次元の自己とのエネルギー的なつながり

苦労してまでこの三次元に来る必要があるのは、いろいろな意味で経験の幅を広げられる、修練となる世界が他にないからです。この世には生存競争、貧困、病気などがあり、そのような試練のある環境で何とか乗り越え、自力で立ち上がり、困難に立ち向かうという過程を経ながら、自分という存在を創造するという魂の格好の修行道場となっているのがこの三次元なのです。

広大で荘厳な存在の大部分を高次元に残してこの三次元に分身の魂として生活するとなると、いったいどうなるのか。これは一つの大きな実験でもあったのです。これは当初、予想されたよりもはるかに困難なものでした。いくら分身としての魂がエネルギー的に高位の魂につながっているとしても、この世の二元性（善と悪、陰と陽、光と闇、病気と健康、貧困と富貴）故に、心労、天災、貧困、戦乱、病気等、困難の連続でした。だからこそ、それらの経験を通じて多くの経験、知性、知恵を獲得し、もう十分であるとして、帰路にいる私たちのために多くの情報が提供されているのです。

大昔の地球では、三次元よりも上の振動数の世界で生活していた人々がいました。今の三次元世界よりも振動数が高い三次元があり、同じ三次元でも振動数帯には幅があるからですが、自分たちの才能や能力を、自分本位に濫用し始め、数千年の間に意識レベルを次第に下げ、その結果、高密度、低エネルギーの現在のような世界にしてしまいました。

大きく道を踏み外したのです。いわゆる失楽園です。私たちは、そのカルマを背負って多くの苦しい経験を積み、大いなる自己への帰還の旅の途中にいますが、その帰路は、累乗的に加速が起こって、次元降下のときに比べるとはるかに超特急の旅になります。

私たちは高次の自己とエネルギー的に連結していますが、では、どうしてそういえるのでしょうか。高次元五～九次元にいる魂は、高位の自己――魂と呼ばれます。九次元までは私たちのような物的肉体ではありませんが、人間の形状をした光の身体（プラズマ体）と高位の魂を持っています。それらはすでに存在している、私たちの大いなる部分であり、私たちとの融合を待っているいわば将来の私たちなのです。それ以上の次元になると、もはや人間的形状ではなく、球状の形態で、高速に振動する光の生命体、合成体です。といっても、いつでも人間的形状に変身することができます。

私たちは、この物的次元にいる魂だけでなく、五～九次元にわたる高位の自己――魂が、それぞれの次元ごとに違った意識レベル、機能、形態を有して存在しています。全く驚くべきことです。**それはなぜかといえば、私たちは元々高次元からやってきた魂であり、九次元から少しずつ振動数を減じ、各次元で適合する光の身体をつくりながら次元を降下してきたからです。**（図19）

魂の合理的なダイナミズム

では、魂の転生がどのような形でなされているのかについて説明していきます。ここで言及することは、あくまでもこの三次元的な知覚、直線的な時間軸に沿った説明となって

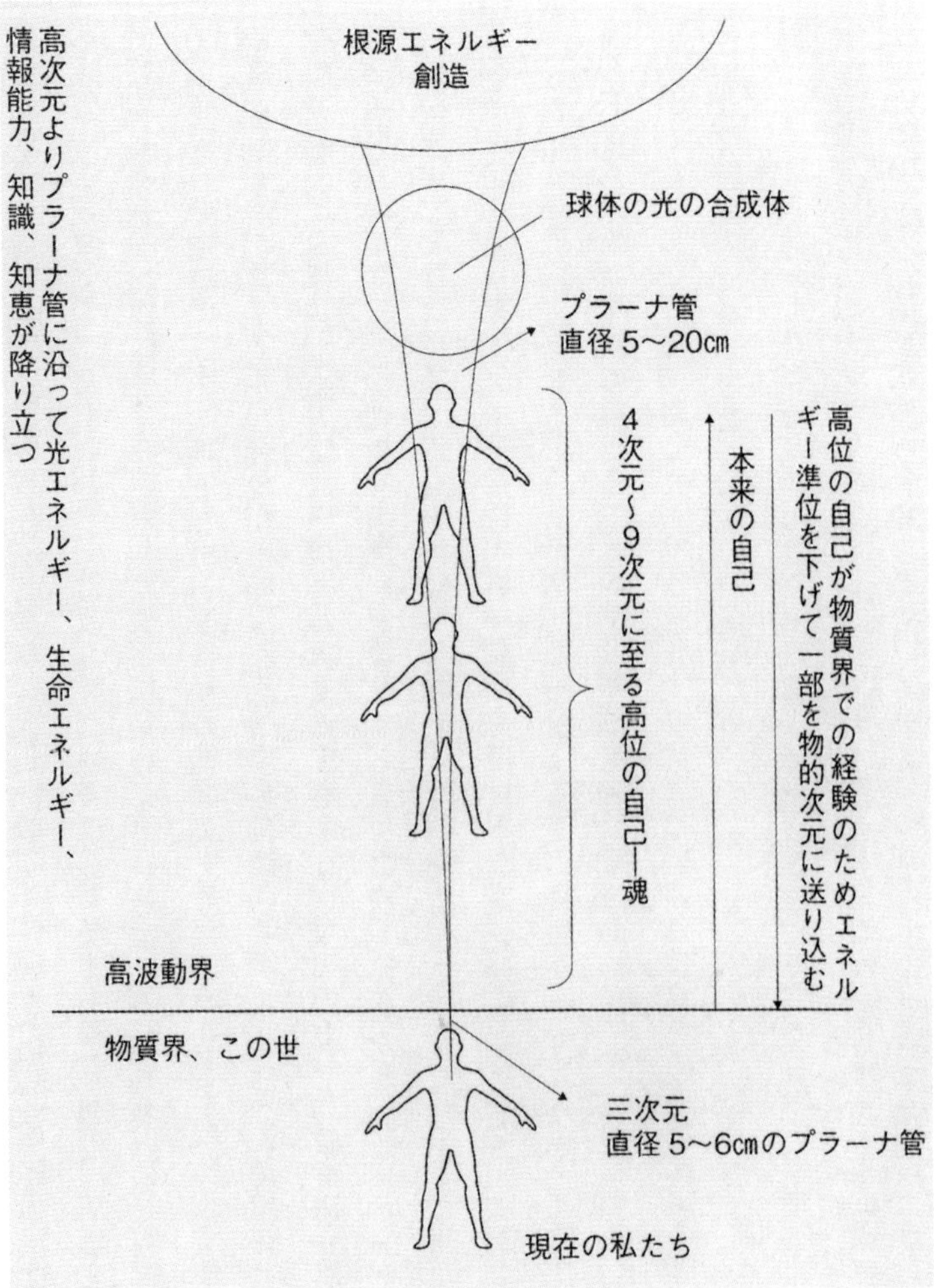
高次元よりプラーナ管に沿って光エネルギー、生命エネルギー、情報能力、知識、知恵が降り立つ
根源エネルギー
創造
球体の光の合成体
プラーナ管
直径 5〜20cm
4次元〜9次元に至る高位の自己ー魂
本来の自己
高位の自己が物質界での経験のためエネルギー準位を下げて一部を物的次元に送り込む
高波動界
物質界、この世
三次元
直径 5〜6cmのプラーナ管
現在の私たち

（図 19） 高位の各次元の自己

います。高次元の時空を超越した観点からではありません。

魂はその人生ごとに、それぞれの独自性、ユニークさを持っています。それぞれが独立して、その経験、情報を交換したり、ミックス、分割、融合したりしているわけです、魂のダイナミズムというものは合理的にできていて、最大限に効率よく経験の幅を広げ、多くの知性や知恵を獲得するように働きます。いくつか例を挙げていきましょう。

①　地上に転生するときに、女性として、また男性としての経験を同時期にするために魂は分割複製されます。魂が一組の男女となって同時に人生を送るのです。この二人はどんなに距離が離れていようと、魂のレベルでそれぞれの経験を伝え合い、吸収することができます。経験を共有するのです。同時に、二人分の人生経験をしていることとなり、魂の進化のためにはより効率的です。魂のレベルで男性、女性のどちらかが優位にあるということはありません。

②　魂には魂の兄弟があります。いわば魂の家族で、波動エネルギー、意識の質において極めて近い存在です。それぞれが異なった時代に生まれるときに、相互に守護したりしたサポートし合ったりします。

③　ほとんどの魂が、①のケース以外のパターンでは、二つか三つに分割されます。分割複製された魂は、各々別の肉体に入り同時に人生を開始するのです。ほとんどの魂

がこの世に二、三人の人間となり、あなたと同じ存在がこの地上に同時に二、三人の人間として生活しているわけです。**そう考えると、この地球上には実際には魂レベルで三十〜四十億の人間が存在していることになります。**

④　基本的には、高位の魂が分身をつくり、その分身がまた分身をつくって、それぞれが同時代、異なる時代にまた異なった次元で経験を積んでいきます。その総体は莫大な経験、知性、情報の累積をなす集合魂となるのです。つまり、**あなたがすべての経験をする必要はなく、他の集合魂の者が異なった時代、次元、時間においてあなたの代わりにしているからです。**

いろいろな属性が組み合わさった魂

魂が融合しても、それぞれの独自性、記憶は、完全に保持されます。個としての意識も全体としての統合意識も生まれます。実際に魂は、統合的意識でいるときのほうが個別的意識でいるときより格段に長いのです。魂は本来、統合意識の方に断然親和性があり、おなじみの意識状態といえます。わたしという場合、それは私個人としての意識を示す場合と、集合魂としての複数の統合意識を指す場合があるということになります。

再び魂が転生してくる際に、過去世の魂がそっくりそのまま生まれてくるということはありません。転生では未解決の問題や弱点、欠点、脆弱性を解決し、解消してバランスを取り戻すことが図られます。そのためにあなたの魂にない性格や経験を持つ魂たちの情報を集合魂の中から選び、本来のあなたの魂の中に統合させ、いろいろな魂の情報、記憶、意識をミックスして新しい魂がつくられるのです。

　また、問題を解決するための強さ、そして知恵を持つ魂、逆に魂の研磨のためにあえて病気に対する脆弱性が統合されることもあります。そういうふうに何らかの合理的理由があってなされ、いろいろな魂の属性の組み合わせをして新しい魂と

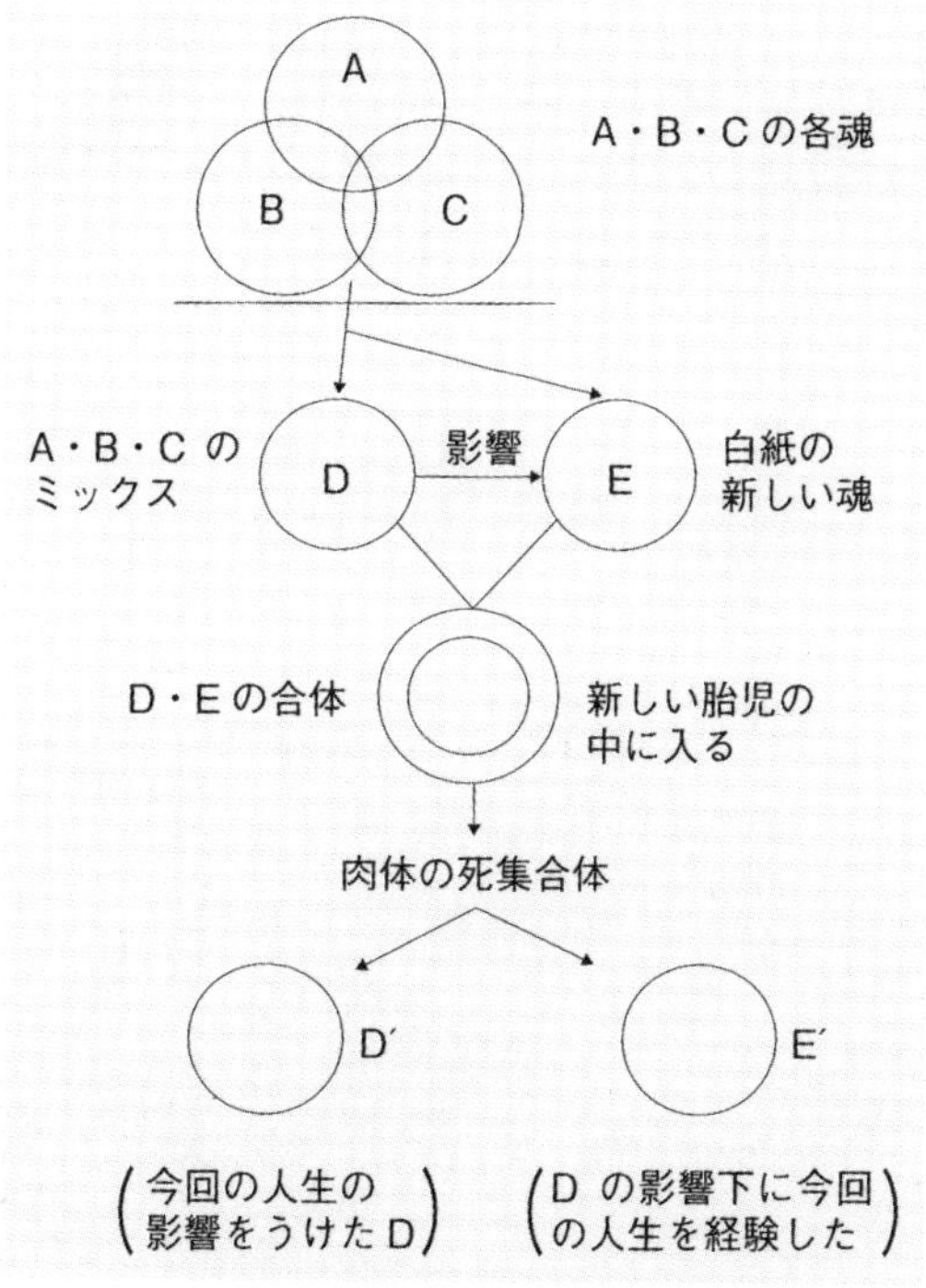

（図20）転生の魂の仕組み

なるわけです。こうして、転生するにあたっては何人かの魂の属性を集大成して新しい魂をつくります。しかし、**中心となる魂の波動エネルギーは大きく変化しませんので、やはり過去生の現代版とでもいった、質的に似通った人生となることが多いのです。**例えば、芸術家はまた芸術家としての人生を、科学者もまた然りです。ミックスによりつくられた魂の分身も独立したエネルギー体であり、独自の個性を有することになります。再度確認しますが、今までの話は、高次元からの視点、つまりあらゆる転生が同時に見て取れる世界からのものではありません。その視点からはすべての転生がいま同時に進行中であることがわかるからです。

魂と自我の関係

大概の問題が、魂と自我意識＝個我意識との関係から派生するといってもいいくらいです。エゴ意識もパワフルな意識で、現実生活を送る上で、現実を検討する能力を持っている点において欠くことはできません。

私たちは、人間という経験がどういうものかを知るためにこの物的次元に生まれてきました。人間であるというバージョンをマスターするためです。このために、魂の意識は次の転生でどういうことに取り組むか、どういう未解決の問題が残されているか、克服されるべきこと、経験が必要なことを十分に承知した上で、次の転生に踏み出します。

それらの問題点や課題に自我意識が気づいてくれるのを魂の意識は待っています。この世に転生する際に、今までの記憶にはフタがされます。そうでないと、この世での修行の妨げになるからです。この記憶がないことが何千年も続き、人間は自ら聖なる出身を忘れ、多くの無知や誤解、思い込みのために、多くのネガティブエネルギーを生み出してきました。それが人間を大きく混乱させているのです。

人間には魂があること、また、魂は本源の光明の世界から生まれ、万人が神聖な出自を持っていることなど、誰からも教えられたこともなく、考えられたこともイメージされたこともないために、自我意識（比較、優劣、区別、差別、思い込み、固定概念、偏見など）がパワフルになりました。**自我意識は変化させられるのを恐れ、その意識に挑戦するような新しい考え方や見方には断固強烈に拒絶、防衛するようになっています。**自我意識は、自分がなくなるのではないか、死ぬのではないかと人間と同じように不安に駆られ、恐れるのです。

また、魂はあらゆる人種に転生し、外観や肉体的特徴は異なりますが、どの人種も民族もその潜在能力において、成長力において、優劣はありません。そうした優劣があるという誤解、偏見、思い込みが今日もなお、地球を戦争、差別の地にしていることは明白です。魂の意識はあなたに早くわかってもらうことを待ち望んでいます。**自我意識を魂の意識にまで上げるには、自らの光ある本源と本質を思い出す、そして受け入れる、それだけでよいのです。**そうすると、次第に魂の意識に共鳴するようになり、光ある生命エネルギーがあなたに流れ込んでいきます。**自然に、あなたには自我意識を超える物の見方、感情、行動が増えてきます。**これは前にも話したことですが、ＤＮＡの活性化、全脳の活性化にもつながっていくのです。精神的にも喜び、安らぎ、静寂につつまれていきます。

魂の機能

魂が、私たちの意識また人生の上にどのように働きかけるのかということは大変重要な点です。魂は、あなたが人生の中で取り組む必要のある課題、未解決の問題をあなたの前に持ち出します。魂は、自我意識が望むように物質的に恵まれ、平穏で気楽な毎日を送ることには全く関心がありません。あなたがこの人生でできるだけ多くの経験をし、学び、精神的、知的に成長することだけを考え望んでいます。問題に直面すること、取り組むことから逃げたり避けてばかりいると、魂はあなたを激しく揺さぶります。

つまり、本来の道、必要な経験をすること、課題に取り組むことへと戻そうとするのです。そのための気づき、覚醒を促すために、病気になったり、あえて試練や不遇の境遇に追い込んだりすることもあります。ぬるま湯のような生活から冷水を浴びせて、目を覚まさせるのです。

魂にはあなたに関する、あなたが必要とするすべての情報があります。あなたの人生をどう有意義に、実り多きものにするかについての戦略に基づき、あなたに思念（アイデア・インスピレーション）を吹き込むのです。魂は、肉体に入る前に、全体の人生をどう形づくるか、どういう選択をするか、それがいかに苦難に満ちたものであろうと了承していま す。**あなたがどの両親を選択し、どういう外見となるか、どういう境遇に育ち、どういう経過を辿らざるを得ないかをすでに選択し、了解し、理解しているのです**。これは選択であって、罪や前生からの罰というものではありません。魂は苦難を通してより成長できるのだとよく理解しており、その結果、全体のバランスがとれ、喜び、安らぎが訪れることを知っているからこそ、あえてつらいことも体験させるのです。

魂は、あなたが想念、感情エネルギーで創造したものを実際に体験することを求めます。また、魂は、根源のエネルギーによって支えられ、生かされていることの恩恵と感謝から、その一部のエネルギーを他者への献身と奉仕をすることにより、バランスをとることをあなたに求めます。**多くを受けとった者は多くを与えなければならないという普遍的法則に従って**。この魂というシステムを通して経験や知識がプールされ、次々とリレーのように伝達されていくのです。

しかし、すべての経験内容がアップロードされるのではなく、フィルターを通して有益な経験や知識、叡知が伝達、記憶、保存されます。私たちの魂から高次の魂へ、そしてより高次の魂、またその上位というふうにして根源のエネルギー体、意識へとリレーされていくのです。上位になればなるほど、フィルターを通す情報は、選択的（より高振動の内容でないとフィルターを透過できない）とならざるを得ません。

この世に同時期に、三人の分身として人生を送る場合、相互に経験を共有できますし（私たちがお互いに抱えている苦労や問題などを他の人と日常の会話を通じて共有し、相互に理解、解決しようとするのと同じ）、また、その経験を高位の自己（魂）に送り、また違う次元にいる分身たちからの経験、知識を共有できるという合理的なシステムとなっています。さらに、高位の魂の発する生命エネルギー、知性、情報にアクセスできる能力に応じて、好きなだけ引き出して吸収できるのです。魂の進化のスピードを加速できるように配慮されたシステムといえます。

総体としての魂が本来の真実の自己であって、それは私たちが今意識し、考え、イメージできる、私という概念をはるかに凌駕した統合自己といえます。**その存在の大きさも巨大です。**その情報の伝達は、現代の電子機器による情報のダウンロード、アップロード、記憶、保存と非常に似かよったシステムです。植物界においても、一本の植物が経験したことが、生物ホルモンを放つことによってまたたく間に他の植物に伝えられ、情報のリレーがなされ、動物界においても、電磁波によって情報のやりとり、リレーがされますが、それは魂のレベルにおいてもまた然りということです。

高次元の囁きとエゴの声

魂は、思考を伝え植えつけることによって自らの意識を伝えようとします。その働きかけで新しいアイデアや思念、インスピレーションを心の声として感得するのです。魂が直接声を出して伝えるわけではありません。また、**自我意識も意識の中軸を占拠しようとして、負けまいと懸命に働きかけます。**では、自我と魂の声はどう聴き分けたらよいのでしょうか。

魂の声とは、あなたの成長を促すものですが、成長するということは変化することです。変化するとは、あり方、考え方、習慣、感じ方が変わることですが、変わるというのはなかなかに難しいことなのです。一見変わったように見えて、すぐに舞い戻ってしまいます。**そうして元のワンパターンの時間の過ごし方や考え方、同じような感情を抱いて同じ味の感情を味わいます。そのほうが気楽で、いつもの自分らしく感じられ、安心できるからです。**

自我意識は安易さを求め、現状に固執し、考え方、行動の刷新を嫌がります。多少の不平不満、不都合があったとしても現状に拘泥するのです。変わると今よりもっと惨めなことになりはしないか、現在手に入れているものを失うのではないかという不安からです。そうやって、だんだんと不活発になり行き詰まってしまいます。あなた固有の振動エネルギーフィールドの振動数は低下し、鈍くなり、生気の欠けたものとなるでしょう。逆に、創造力豊かで何事にも挑戦していく人は、精力、活気、エネルギーに溢れていますが、自分が変化し、より自分らしくなっていくことが楽しくてしようがないのです。

自我の声は、それを聴いて実行しても、むなしさや不全感が残り、満足感や充実感が持てません。これでよかったのだろうかと、常に不安が付いて回ります。それに対して魂の声は、〝なるほどそのとおりだ〟〝やはりそうか〟〝何かすっきりした〟〝腑に落ちた〟として、迷いや不安がありません。魂の声は、他の人に対しての慈悲と思いやりが必ず存在します。私だけというのではなく、より高いところから見た考え方をするからです。私たちという立場と視点に基づいたポイントをついた妙手を常に打ってきます。

高位の魂とは

これまで何度も話に出てきた高位の魂――自己とはどういう存在なのか、詳しく見ていきましょう。

ほとんどの人にとって、魂という言葉さえ、詩歌、文学、宗教の中の抽象的な言葉にしかすぎなかったのですが、いわんや高位の魂という段になりますと、全く論外の観念論、言葉の遊戯のように思われる人も多いことでしょう。高次の自己など、到底想像もできないからです。それはともかく、根源のエネルギー体から何兆個もの魂――意識体がつくられ、またその魂も自己複製によって何千もの自らの分身をつくってきました。そのプロセスのなかで、より根源のエネルギー体に近いのが高位の魂です。

あなたが誕生するはるか前に、すでに高次元、高波動の世界に存在し、あなたはエネルギー準位を下げてきたその分身です。将来あなたが、魂のエネルギー振動を高め、バランスのとれた状態になるときに、あなたと融合します。高位の自己――魂は、あなたに必要な情報、生命エネルギー、インスピレーションを与えながら、その時を楽しみに待っているのです。あなたの精神的な成長のために日夜献身しているあなた自身であり、将来のあなたでもあります。高次元世界の神聖な光輝くあなた自身です。**私たちは皆高次元にいたのです。高次元にいた時間がほとんどで、それに比べればこの物的次元にいるのは、ほんの一瞬のようなものです。**最高位の自己も、高位の自己もそれぞれのレベル、次元で同時に生きています。

高位の自己は、小さな私という観点からではなく、統合意識としての私たちという観点から物事を推し量ります。私という概念が、多くの私を含んだ魂というふうに、統合された私というものになります。なぜなら、彼らはすべて私であるからです。高位の自己、魂はさらに高位、またさらに高位のというふうにつながっていきます。究極的には、多次元にわたる宇宙全体をカバーする波動エネルギーとしての究極の意識に至ります。高位の自己――魂の分身たる私たちは、より高位の自己――魂の偉大さのほんの一部を表現したものです。

ここで、非常に重要なことをいっておかねばなりません。それは、**私たち一人ひとりにはいろいろな才能、能力、性格、個性というものがありますが、あるレベル以上では皆同一で、統合意識、自他一如の意識なのです。**

より高位の自己――魂は、パワーの九分の一を分身の魂に与え、それがリレーのようにエネルギー準位を順次九分の一ずつ下げた形で存在しています（図21）。私たちの体験、知性、知恵を通して、価値あるものだけが高位の魂――自己に伝えられていくのです。私たちは、高位の自己を代表してこの物的次元に生きています。私たちのあらゆる豊かな経験

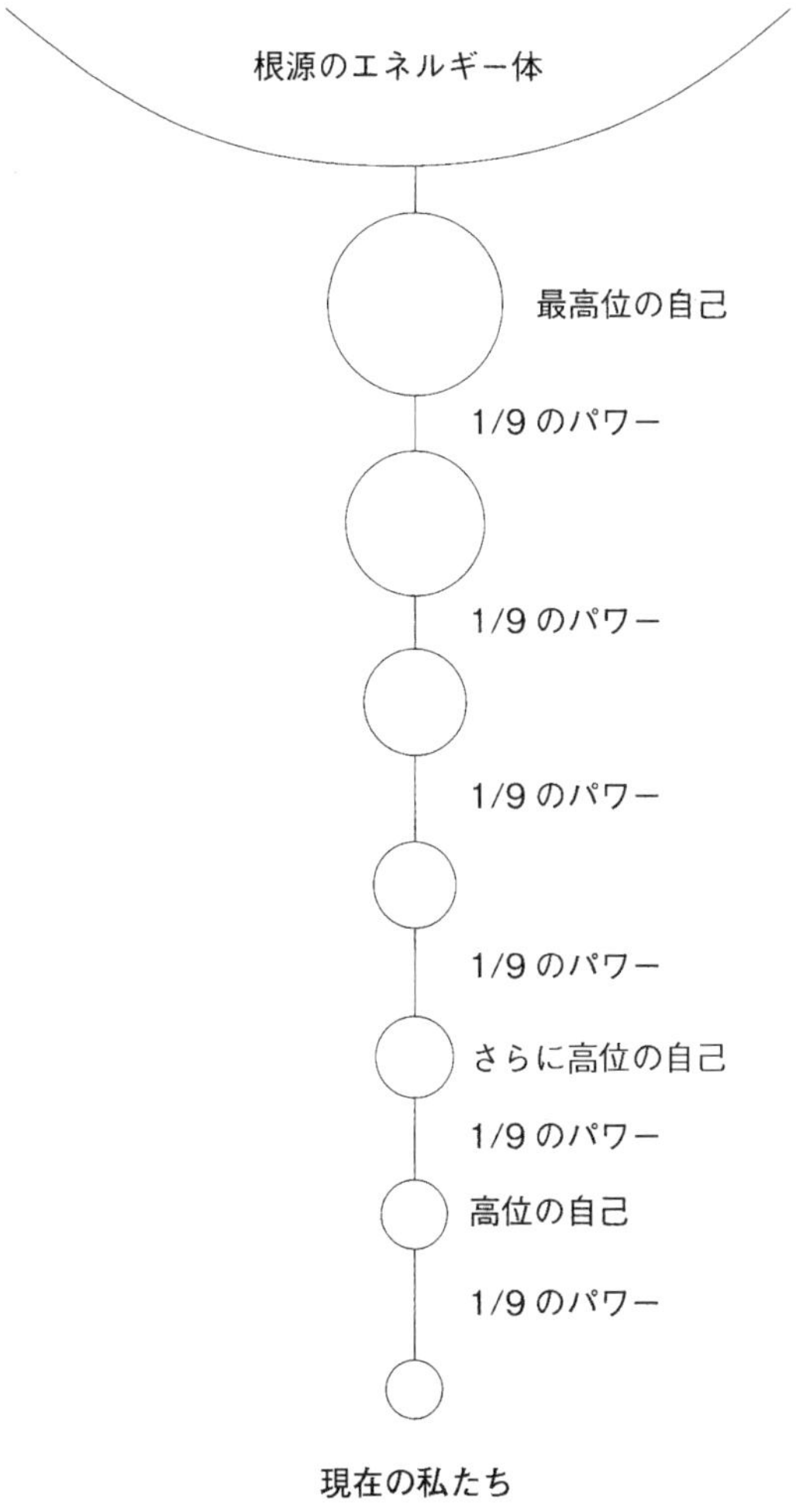

（図 21）高位よりのパワーの分別

だけが、私たちにとってばかりでなく、高位の自己にとっても貴重な収穫だということがわかるでしょう。

高位の自己は日夜絶えず私たちを保護し、事故から守るときには直接介入します。**最高位の自己は、それ以下のすべての自己を含んでいます。**前にも述べたように、高位の自己はあなたが存在するはるか以前から存在し、あなたとの融合を待っています。それはあなたの本来の自己です。あなたをずっと導いてきているあなた自身、本来のあなたが高位の自己――魂です。それぞれの自己があなたと異なる次元に独自の振動数を持って、さまざまな形態を持って、同時に存在しています。存在のあり方が次元ごとの物的法則の違いによって異なっているだけです。

これらのことからわかるように、完全に独立して分離した自己というものは存在しません。それどころか、エネルギー的に連結して、個性ある私たちのような個としての存在のあり方は常に一時的な状態にすぎないのです。個我となることにより、エネルギー的には高位のものと繋がっているといえども、**三次元にいる私たちは全体像を失ってしまっているのがわかると思います。**

出自も忘れ、聖なる光輝ける大いなる部分がすっぽり自己像から抜け落ちている自己意識、自己イメージを私たちは抱いているために、高位の自己は、あなたの意識に働きかけ

て全体像を思い出すよう促しています。

集合魂とは

　魂が同時に多くの経験をするため、自分の分身をつくり、それぞれ独立した個として人生を送った、そのすべてのものを集合魂――グループソウルといいます。あくまで個別の独自性、記憶は保たれ、当然、自由意思を持って統合意識の中に存在するのですが、何人からも自由意思を侵害されることはありません。個としてのエネルギー場やその分身の数に関係なく、全体を含むかたちで魂――自己と呼んでいる場合もあります。

　私たちも、この一回の人生だけでつくられた人格ではありません。集合魂の内の魂は、何回もの、あるいは何人もの人生で形づくられた人格、性格の影響下に積み重ねられ、ブレンドされたものです。集合魂といいますと、何かひとかたまりになっているかのようにイメージされますが、何も一つも場所に集合して存在しているのではありません。それどころか、違う時間軸と次元で生を営み、それぞれの存在のあり方、形態をしています。すべては同時進行です。高次元は、時間、空間に制限されない世界ですから、いかに隔たっているように見えてもいつも隣にいるのと変わりありません。転生の中で一番影響力の強いのは、やはり直前の転生を持つ魂です。直前の魂の一生はどうであったか、どの程度知恵を学び得たのかを評価し、その次の転生のライフプランを立てるのです。

　集合魂から次の人生で取り組むべき未解決の問題、克服すべき課題、遂行する上で最も適した魂の知識、知恵、情報を集合魂の中の者から吸収していきます。集合魂は種々の個性の集まりです。驚かれるかもしれませんが、転生の中の存在形態には、人間以外の生命体も含まれます。集合魂は何千もの魂によって構成されていますが、そのすべてがわたしであるともいえますし、同時に個々としての魂でもあるのです。

　このように、あなたという存在は、ただ目に見える肉体や人格だけではなく、大いなる部分があることがわかっていただけたかと思います。

第十二章　願望を実現させる方法

現実を形づくる想念

人の抱く考えと感情のことを想念といいますが、どういう想念を抱くかがその人を定義づけるものです。**人は、自分が慣れ親しんだ、なじみの考え方や感情に対し、あまりにも身近であるがために無頓着で、注意を払いません。軽視してぞんざいに扱ってきたのです。**自分がどういう想念を抱いているか、他の人から隠せると思っているからでもあります。想念は、心の中に湧き出ては消え、その後、何の影響を与えず何も残さないというイメージと、真相は全く逆です。今まで何度も述べたように、世界はエネルギーによって構成され、そこに住む住民の集合的想念――意識により創造されます。

想念によって現実はつくり出されるということにとどまらず、その創造された現実を私たちは体験しなければなりません。体験して初めて、私たちがどういう存在かを知ることになるからです。想念によって創造された世界は、私たち自身を映す鏡であり、私たちを象徴する形で顕現したものといえます。最近、考えが現実をつくるという本をよく見かけますが、本当のことです。

反面、あなたが現実に引き寄せることができるのは、あなたと同じ周波数のものだけです。あなたにない周波数のものを体験することはできません。あなたの内的世界をそっくりそのまま外側に映し出す、宇宙は巨大なコピー機です。考えを何度も外の環境へコピーし、考えを変えれば、またそれをコピーします。**精神内面、思考がネガフィルムで、それを現像したものが環境＝物的世界です。**

自分は変わりたくない、なぜ変わらなければいけないのかと、自分はそのままで、自分の外の環境や他の人を必死に自分の都合で変えようとしますが、そのネガフィルムである考え方や内的姿勢を変えない限り、現実は何も変わりはしません。

想念は生きもののように意識を持ち、その使い方によってポジティブにもネガティブにも現実の内容を形づくります。想念は電磁気エネルギーであり、それは量子場に作用して幾何学的形態（想念形態）をつくります。その想念形態はプラズマでできており、同質の想念形態に直接引かれる、また磁力により高振動から次第に低振動の素粒子を引き寄せるという粘着性の性質を持っているのです。そうして全体として振動数が低下し、私たちの

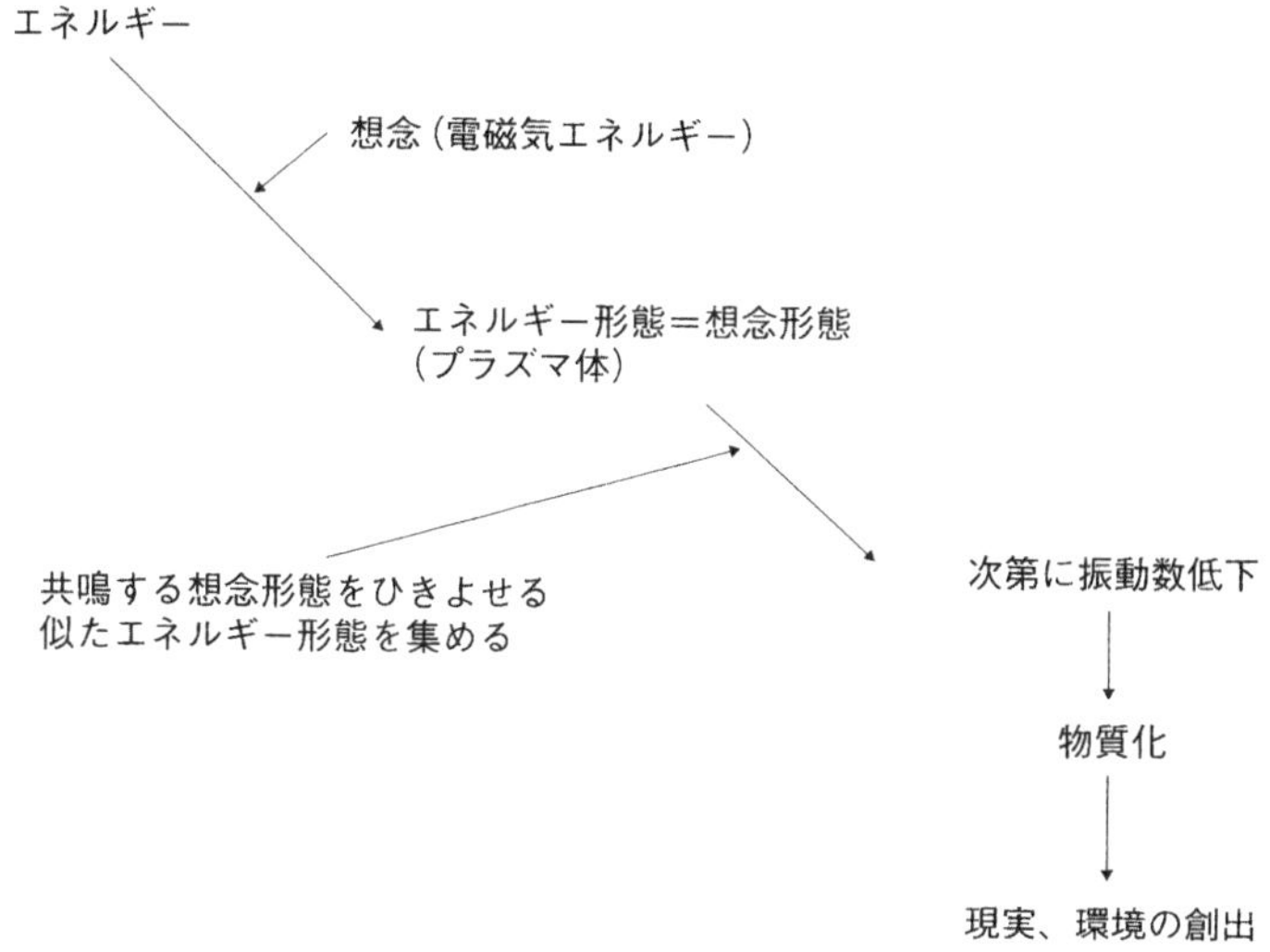

（図22）想念と現実化

可視範囲の高密度、低振動領域に達して初めて目に見えるようになります（図22）。

図22は、どんな物体も想念形態（プラズマ体）があって、形が保持されていることを意味します。想念形態なしの物体というものは存在せず、もし想念形態がなくなれば、形をなさず消滅していくほかありません。想念形態は、形態を保持しているエネルギー場であり、**このエネルギー場があって初めてものの形がつくられるのです。この想念形態は、いわば物体の光の身体にあたります。**

想念が形態を持つようになるのは、想念＝電磁気エネルギーが必ず形態形成のためのエネルギー場をつくるからです。そのエネルギー場の磁力により、高い振動数帯の物質から次第に振動数を低下させ、この世に顕現します。

このことは、逆にこの世に何かを現実化、顕現させようとするならば、あなたは心の中で具体的で焦点の定まった思考と強い感情を持って常に意識を集中させ、それにエネルギーを与える必要があるのです。集中と継続、これが大きな駆動エンジンです。このことなくして何事も成しえません。

生命体が活動するためには、自己感覚なり、何らかの形態の概念が必要で、また形態があって初めて三次元――この世に顕現できます。生命体そのもの、また、それを支える構造も幾何学的形態の上に成り立っています。すべての生命体は共通する幾何学的構造パターンを持っており、その構造は想念形態を青写真として形づくられたものなのです。

高次元と物的次元との具現化の違い

高次元の振動数は、物的次元の振動数に比べて格段に想念の持つ振動数に近いために、顕現の仕方は違う特徴を示します。この世において想念は漠としたものでしかありませんが、高次元においては実体、実感を伴うものです。これはちょうど、この世において物質が実感、実在感があるのに対して、高次元にとってはこの世の物質は影のようなものでしかないというように、逆になっています。この世においては、何かを表現するために物的手段によって初めて具現化しますが、高次元では想念がそのまま具現化するのです。**人間には、想念によって実在物をつくり出す能力が備わっています。高次元においては、想念が道具であり、それはこの世の行動にあたり、直感が感覚にとって代わります。**魂が肉体から離れますと、想念の行使がずっとたやすく感じるでしょう。この世的な高密度、低振動の環境ではおのずと想念の行使に限界が生じてきます。この世の人々は、想念がすでに形態を持って存在しているのに、物的形態をとるまではその存在に気づきません。それに比し、高波動界では想念は実感があり、実体そのものです。

心は魔法のような力を持っています。心の使い方、想念の使い方、つまりエネルギーの操り方を覚えることが決定的に重要です。**高次元の世界は心の世界、意識の世界です。**仏教でも、華厳経はすべてが心の表れであると説いていますが、その通りであり、情報のほとんどない時代にあって、その慧眼に敬意を払わざるを得ません。

高次元においては、心の中に細密な絵を描いて、それが現実にあると意識を集中し、信じるとそれが即座に現れてきます。また、ある場所に行っている自分を心の中に描き、それに意識を集中すると、もうその場所にいるのです。ある点から直線的に移動して他の点に着くというのではなく、回り舞台のごとく自分の周囲の環境が変わります。その間の空間はありません。**あなたは何も移動してはいません。意識することですべてがあなたのもとにやってくると考えてください。**

高波動界の環境は、すべて想念によってつくられたものです。人間にとって想念ほど大事なものはありません。それがすべてを決定するといっても過言ではないでしょう。地獄のような世界も、神や仏が人を罰するためにつくったのではなく、悪想念に染まった人々が集団想念――意識となって現出させています。天国のような世界も、それにふさわしい想念の集合作用によってつくられたものです。実際、この世も皆、人々の想念によってつくり出されました。**高次元において、魂の活動というのは、この世のような肉体的活動ではなく、すべて想念的、精神的活動です。**

では、想念との関係で、よりよい現実をつくり出すにはどういうことに気をつければよいのでしょうか。

図22にあるように、想念がエネルギーに働きかけて、エネルギー形態場をつくって、それから種々のものが現出します。エネルギーそのものは中立ですが、エネルギーにポジティブかネガティブな想念が付着してエネルギーの方向性が決まります。

このエネルギーと想念によってつくられる形態エネルギー場が、あらゆる生命や現象の根本です。それぞれの形態エネルギー場は、それ自体が生きていて、意識があり、絶え間なく拍動振動しています。宇宙の全存在はこの形態エネルギー場＝想念形態により創造されているのです。

さて、どういう想念を選択するか、そして、自分の望む現実をどうつくるかという前に、**私たちは本当に何が欲しいのか、どうなりたいのか、どうありたいのかといったことを、具体的にはよくわからずに、また知らずに暮らしています。**ぼんやりとこうあったらいいなといったイメージがあるだけで、具体的な願望があってそれに日夜邁進している人は非常に少なく、自分はこうありたいと本気で自分を変えていこうとしているわけではありません。本当は何が望みなのか、とことん感じてみましょう。心の底から願ったことだけが、その実現に向けて意識を集中、継続、その上に行動することを通じて顕現されるはずです。

実現させることの上手な人は、絶対に実現させるのだという断固とした決意を持ち、揺るぎません。自分にはそれができるのだと固く信じ、その実現に精神をフォーカスさせて具体的な行動を起こします。エネルギーを具体的なことに集中させるからこそ実現ができます。実現するまで苦戦しながらでも、いろいろと方法や考えを変えながらやり通すことができるのです。そうすると、自分が熱望することを実現させることができるのは当然のことのように信じられるために、ますます実現させることがうまくなっていきます。

日常生活において大事なことは、自分がどういう想念を抱いているか自覚的に注意深くあることです。想念は、あなたが想っているよりはるかにパワフルな力を持っています。普通、人はある願望を抱くと同時に自分にはとても無理だとその実現を疑い、たたずみ、何の行動も起こしません。実現への願望がエネルギー的に相殺されるのです。人は、自分を信じたり、疑ったり、能力がない、つまらない存在だと思ったりして、**自分にとって望ましい現実と同時に、望ましくないものも同時に創造してしまいます。**

実現に対しての疑いや自分に対しての否定的想念を抱き続けていると、願っても実現してほしくないと想っているのと同じ効果を持ってしまうのです。実は、願望が実現できると確信できるようになるときには、すでにそれなりの準備や能力、経験が伴い、具体的に考えイメージできるようになっています。その前段階で迷い、疑い、そして何ら具体的行動をしないで諦めてしまうのです。願望に向かって精神を集中し行動して、毎日の積み重ねがあって初めて望みを実現できます。この三次元においては、それ以外の方法はありません。フォーカスされた持続する想念は、自動的に高次元にその形態エネルギー場を形成します。あとはこの三次元に降下させるだけです。

何でも実現させることができるといっているのではありません。当人が実現できるはずもないこと、自分という周波数にないもの、予定していた人生脚本の中にないものについては、人は心の中で強くは望まないのです。逆に、実現させるべきことを怠惰にして、おざなりにしていると、魂は、あなたを大きく揺さぶる体験へと導くでしょう。

第十三章　各次元の特徴

多次元について

まず、この宇宙は多次元世界からなるということから話を始めます。

多次元とは、根源の意識、エネルギーが自らを波動的宇宙として展開、振動数の違いによってある幅の振動数帯を一つの次元として、その物的法則、密度、原理の違いによって分けることでつくり上げたものです。人間は、三次元にいる肉体と九次元にまでいる自己を光のチューブ、プラーナ管により各次元の自己を連結し、存在していることは、すでに言及した通りです。感情体は四次元で、精神体は五次元が主な活動領域であり、光の身体（肉体の青写真となるもの）は五～九次元の領域にあり、私たちの魂は五次元に、その高位の魂は六次元以上の次元にて活動を展開しています。

私たちの肉体をこの三次元に存在させるのに、特に四、五、六、七次元の力があって初めて可能になり、肉体はそれらを反映する鏡です。より高位の自己、根源の自己を含めますと、私たちのこの世での存在は、全体からするとほんの少しのものでありつつも、同時に全体を反映したものです。実は、私たち自身が完全な存在としてあることを私たちは忘れています。私たちは、多次元に同時に存在している、多次元的な存在なのです。

私たちが自分と呼んでいる自己は、私たちの自己感覚全体のごく一部に過ぎません。私たちは多次元的であるにもかかわらず、三次元世界が唯一の存在する世界であると信じ込まされ、神経系もそういうふうに発達したため（そういう発達を強要されたということもできますが）、この三次元の物的世界に縛られてきたのです。

人間の本質は多次元的なものであることを受け入れ、その立場に立って自分や周りの世界を見つめ直してみてください。**人間は多次元的であるがゆえに、同時にいくつかの次元や異なった場所に存在しています**。人間の意識の中でチャンネルを変える、周波数を変えることによって別の次元にチューニングして、別の現実を体験することもできます。それに長けてくると、自己の意識の周波数を変える、自己の振動数をサーフィンのように乗りこなすことができるようになり、すべての現実を同時に意識することができるようにもなるはずです。これを仏法では**観自在な人**となるといいます。観とは意識することを意味しますが、ブッタ様はこのことができたといわれています。

観自在になるとは、同時に多くの次元を意識する能力であり、また一度にたくさんの場所にもいることができる能力のことです。

私たちは今、この地球の三次元に暮らしています。異なる次元で、異なる感覚で活動しているあなたの分身が、あなたとは違う新しい理解や知恵、意識を持っています。あなたにとっては教師と呼べる存在かもしれませんし、その一方で、分身にとってはあなたが教師的な存在かもしれないのです。いろいろな進化段階の自己が存在し、お互いに啓発していると考えてください。

どうしてこのようなことが起きるのか、ややこしいとあなたは思われるに違いありません。これは、一度に、同時進行的に事を運ぶという宇宙の量子的な機能、本質的な働きから起きている現象なのです。宇宙では、一つずつ順を追って時間をかけてということはありません。しかし、それを仮想現実、並行現実というマスをつくって直線的時間軸の中であえて可能にしたのが、いま私たちのいる物的現実、三次元世界です。三次元世界は仮想現実の世界です。このことについては後で詳述します。

振動数の違いにより生まれる世界

振動数帯の違いにより、異なった世界が存在するようになりますが、それぞれの世界を次元という言葉で表現しています。ある一定幅の振動数がエネルギー水準、物的特性、法則を決定するので、一定の世界が現出することになり、それが一つの次元です。

簡明にいえば、次元とは、ある特定の振動数帯のことで、振動数によって違いが出てくるのです。ある特定の振動数帯が特定の現実を生み出し、その連続性を保持しています。全体の振動数が上昇する場合、個人の振動数も同様に上昇すれば一緒に別の世界に即出現します。逆に、個人が元の振動数のままだと周囲の光景は一瞬にして水が蒸発するように消えてなくなるでしょう。現在の物的地球次元は、三次元と四次元の振動帯の中に存在しています。

電磁波スペクトラムというのがありますが、これこそ振動数を表す帯であり、生命はこの帯のどこかの振動数帯に存在しています。ある生命体がどこにいようと、その生命体の固有の振動数を知っていれば、その振動数にダイヤルをチューニングするようにして、その存在がどこにいるのかがすぐにわかるのです。振動数による生命体の存在の帯――スペクトラムに加え、時間の帯もあるために、今、私たちがいる場所にはたくさんの世界が同時に存在しています。私たちは、それを知覚できないだけです。ちなみに、時間も実は振動数の違いにより分割されています。

このスペクトラムの中におけるごくわずかな振動数の、また時間軸の異なるところに、**私たちが知覚できない並行現実が存在するのです。一ヘルツや一秒の数万分の一の違いです。**次元は振動数の帯であるために、次元と次元との間に明瞭な境界はなく、相互に浸透しています。

いろいろな速度の光について

物的次元で認める光というのは、秒速三十万キロの速度を持ち、この速度は私たちが知覚できる限界でもあります。この光を物質光と呼び、その光が活動する宇宙を物的宇宙と名付けることにします。この物質光が、今私たちの生活する物的世界、物的現実、時間と空間のある世界をつくっているのです。

実は、この物質光の速度だけでなく、秒速三十万キロを超える無限の速度からいろいろな速度の光とその光がつくる世界があるのです。こういえば、ほとんどの方が大変驚かれるでしょう。物理学の分野では予見はされていますが、まだ実証されてはいません。

それら**超光速不可視の光＝スピリットの光**（タキオン粒子）でつくられた世界を、**タキオン宇宙と呼ぶこととします。このタキオン宇宙の中に物的宇宙があります。**タキオン宇宙は不可視の光で満たされた量子場で、この量子場が宇宙空間となり、その量子場では素粒子の生成消滅が絶えず起きていて、それはまた意識が生まれる場でもあります。エネルギーの充満する光の海のようにイメージしてください。**その宇宙には時間はありません。つまり、無限のスピードの光ですので、いつでもどこにでもその光があり、時間はかからず、時間も空間も超越した世界が広がっています。**この不可視の光＝スピリチュアル光によって、意識活動、思考、知性、直観、情報の伝達が電撃的なスピードで可能なのです。この光は根源のエネルギーより生じたもので、どれほどの驚異的伝達能力、パワー、衝撃力を持っているかは、我々の知覚、イメージをはるかに超えた次元の働きであり、言語化は到底かなわないのです。

その不可視の光が宇宙空間のすべて埋め尽くしており、それが意識の源泉で、また人間の普遍的な超意識、集団意識の基礎となるものです。**根源エネルギーは、愛という言葉でしか表現できない、すべてを支え育み進化へと導くエネルギーであり、この無条件の愛がいわば不可視の光として表現されているといえます。**タキオン宇宙とはまさにこの不可視

の光、つまり無条件の愛に充満された聖なる純粋な意識の世界です。そこに高次元世界があります。

私たち人間を含むすべての存在は、この宇宙に充満した無条件の愛の世界に繋がり、そのつながりが絶たれることはありません。私たちは根源のエネルギーから生まれた光の生命体です。無条件の愛のプールからの生命エネルギーであるプラーナが、私たちを養うために常にもたらされています。

このことをどれだけ深く感じ、認識し、信じているか、それが愛、自己の尊厳、受容の大きさと深さに直結します。そのことへの認識が深くて大きければ大きいほど、あなたへの根源エネルギーからのプラーナ＝光の供給も増大し、あなたは喜びと充実感に包まれ、進化への道もより加速されることとなります。より一層自分を認め、自信がつき、また同時にほかの人に対しても根源のエネルギーに直結した存在として認識するようになり、またそのように振る舞うようになるはずです。**それは、あなたのマインドが根源エネルギーの本質、性質である愛のエネルギーと共鳴するからです。光を受けやすくなるのです。**

光を保つこと、つまり光が充満するマインドセットを保つことが人間の重要な役目です。人の振動数は意識、感情のあり方、マインドセットによって大きく変化します。より高い振動数の状態を保つことが、光を保つことになります。**光を保つためには、自分という存**

在が光と愛の生命体であり、根源エネルギーから派生した光の子であると認めることが早道です。そしてそのことは、自然に自らを愛し、信じること、また周囲にその愛と光を広げること、また、愛に基づいて行動することにつながっていきます。相乗効果で良いサイクルができ上がるに違いありません。

この物的宇宙、三次元のすべては物的光が変化したものです。電子は光が変換したものであり、物質の核を構成する陽子、中性子をつくるクオークも電子の変形したもの、亜電子ですから。ということは、この物質世界をなす岩石や大地、動植物、海も元は物的光であり、人体細胞に含まれる電子もすべて光で、あなたの肉体も元は光です。光子＝電磁気エネルギーは、質量はゼロ、全く電荷を帯びず、寿命は無限といえます。それゆえに、私たちは永遠の存在なのです。

プラーナ管やチャクラからプラーナ（生命エネルギーの不可視の光）を体内に取り込み、その光は光の身体を構成するプラズマフィラメントの振動数を変え、ＤＮＡの再編成を促し、肉体の骨格をなす炭素原子を次第にシリコンに変えるため、高次元においては透明度を増した身体になっていきます。

また、高次元の身体はプラズマフィラメントからなるため、自ら光り、仏像が金色に着色され、その周囲のオーラが光背として描かれていますが、まさにそういう身体に近づいていきます。そういう身体像こそが本当のあなたの姿です。物質次元でまとう肉体は、いわばこの世だけのぬいぐるみのようなものと考えましょう。

根源エネルギーを成す無限の速度の光が次第にその振動数を低下させて、魂や高次元世界、物的光、物的世界をつくっているわけです。この宇宙は、この光の海からすべてが生まれました。そして、その光の海の波動は無条件の愛とも呼ぶべき質のもので、宇宙全体を支配する一つの意識、愛の統一場とも表現できるでしょう。私たちはその光の海の中を旅する光の子である、というのが真の姿です。その根源の光は生きていて、知性、情報を最高のパワー、エネルギーをもって伝え、そこから派生した素粒子、原子、分子も生きていて、情報を伝え、思考し、知性ある存在としてコード化されています。**宇宙全体がスーパーバイオコンピューターのようになっています。**

　根源のエネルギーの性質が愛というフォースであるならば、そのフォースの流れに乗るのか、逆流の日々を送るのか――。自然の流れである愛の流れに乗ったほうがはるかにラクで、喜びも湧き、あなたはパワフルになり、すべてが順調に流れるのです。逆流に身を置き、いつも無駄なエネルギーを使って、たびたび障害や壁にぶつかり消耗するだけなのか、あなたのマインドセット、愛のあり方次第なのです。**愛のあり方、それがあなたという存在のあり方や意識的な成長、進化を決定してきました。あなたの意識的成長や進化も、**

あなたの愛のあり方次第だということです。自分自身や他のものに対しての愛の深まりと広がりなくして意識の成長や進化がもたらされることはありません。

地球の三次元の特徴

私たちにとってこの物的世界は、生まれてからずっとあるなじみの世界で、意識的にはこの世界しか知りません。この世界のある時代のある瞬間に生れ落ちてきて、この世界以外の世界があろうなど考えたこともない人がほとんどです。それがゆえに、この世界がどのように特徴づけられているのかを知る由もないのは無理からぬことです。しかし、地球自体の波動が急速に上昇している現在という稀有な時にあっては、この世界がほかの世界に比してどういう世界なのかを知ることは、いわば必須のことだと言わざるを得ません。

この物的次元、私たちが生活している時空間にはとんでもない秘密が隠されています。それは後に触れることとして、この三次元は著しく制限のある次元です。制限があるということは、制限のない高次元と比べて初めてわかることです。水中の生物が地上という世界を知って初めて、自分が水の中で暮らしているのだとわかるようなものです。

＊物的次元の特徴＊

1）身体が老いていく、病気になる。高次元に比べて寿命が著しく短い。

2）生存するためには食べ物や水分が必要。

3）行動するとき移動が必要で、それゆえに時間がかかる。時間がかかるということは、その間の経過がある。原因があって物事の経過があって結果がある世界。

4）生計を立てるには、金銭を得るための労働をしなければならない。貨幣経済。

1、2、3、4**は三次元と四次元の下層にのみ認められる事象**であって、より高次元にはありません。というのは、必要なものは想念でつくることができ、またエネルギーも空間からダイレクトに取り出せ、無尽蔵に使うことができるからです。

高次元には、栄養源として生命エネルギー、プラーナがあり、プラーナ管やチャクラを通じて吸収するため、食べたり飲んだりする必要がなく、したがって腸や排泄器官も次第になくなり、別の器官に変化していきます。ただ、レクレーションのために軽い食事や飲み物を摂ることもありますが、摂取した瞬間にエネルギーに変換されます。

（余談になりますが、高次元社会はどのようになっているのでしょうか、多数ある社会のほんの一例を挙げてみます。

＊仕事は公共の福祉のため、社会貢献のために、四時間程度ボランティアワークをしま

すが、それ以外は当人の自由時間です。エネルギーはフリーであり、無尽蔵に使うことができ、必要なものは何でも複製することができますし、自分の想念の力によってつくり出すため、地上のような貨幣経済はなく、お金も必要ありません。自分のものという概念がなく、いわゆる所有権というのではなく、一時的な利用権という考えに近いです。基本的に万物はみんなのもの、必要なものをお互い利用しあうということです。

＊政治的なことについては、政党や政治団体もなく、三次元世界に即していえば、いろいろな分野の専門家で構成された、定期的に交代制の、いわば賢人会議により決められます。

＊ある惑星が滅亡するのは、核戦争か、環境汚染等のために住めなくなるのが原因としてあります。

高次元社会において、リサイクルされないものは生産されません。すべて余すことなくリサイクルされるために環境破壊はなく、また実際に必要とされないものはつくられませんし、余剰の物は全くないのです。大量生産、大量消費とは真逆の世界です。

＊緑あふれ、草花の咲き乱れる、田園地帯のような環境の中に最先端の科学技術を網羅した家が、環境に溶け込むように散見されるとイメージしてみてください。もちろん、

海、山、湖、都市部も、芸術、文化施設、教育施設もあります）

5）二元性の世界であること。

6）仮想現実の世界で、仮想現実の中に数えきれないほどの並行現実があること。

これこそが物的次元の秘密ですが、込み入っているので、後で仮想現実、並行現実を改めて取り扱うこととします。

7）直線的時間軸。

過去、現在、未来と一方向にしか進まない、時間があるという感覚が生まれる次元であること。真相は、今という瞬間しかないのですが、無数の並行現実に移行することで、時間が経ったかのような錯覚を覚える、そのように感じるのがこの三次元の特徴です。

三次元では、いろいろな経験をするために並行現実をつくり出したのですが、いろいろな並行現実が数限りなく同時にあるため、物事の収拾がつかなくなります。その整理のために、直線的な時間軸が必要となったわけです。高次元では、すべての時間は同時に存在しているのですが、**三次元では時間をかけて一つずつ順を追って体験していくという時間の流れがある、それを直線的時間軸といいます**が、これは三次元世界の大きな特徴となってきます。

8）多様な次元からの存在が混じって暮らす次元。

この三次元では、いろいろな次元からの存在が混在して生活しています。高次元では同じ振動数レベルの人が生活し、異なる振動数の人とは一緒に暮らすことは物理的にできません。地球の物的世界、三次元に誕生する前に、私たちはいろいろな惑星の次元や文明を体験し、この地球の三次元により多くの体験を求めて、希望と勇気と覚悟を抱いてやってきました。何も好んでこの混乱した世界にやって来る必要はないのですが、多様な問題が混在しているからこそいろいろなことが体験でき、それが成長する糧となる学校なのです。魂はあらゆる経験を求め、それ自体そういうふうにつくられていると理解してください。この地球の物理次元がとても厳しい体験になるということは覚悟のうえで来ているのです。この世に住む我々はもうそんなことなどすっかり忘れ去っていますが。

9）幻影の世界であること。

仮想現実と関連しますが、五次元以上の世界を実在の世界というなら、私たちの周りの環境、大地、建物、身体等の物的現実はその実在から切り離されていて、実在しないものとはとても思えないほどうまく現実的に、また現実感があるように工夫され、考案された世界なのです。このことについては後で触れます。三次元世界は高次元世界に比して活き活きとしておらず、輝きがなく、うっとうしい、単調で重々しい、どんよりとした雰囲気にあり、生命力や喜びに欠けた世界です。この次元に生きる者にとっては、高次元を知らないものですから、そういう実感は全くないのですが。

形を持つための手段として、思考、想念、観念、感情があるのですが、人間はその意識作用である思念、感情を使って、それらを反映する能力を持ち、それゆえに形あるものをつくる、創造をなすことができます。この三次元世界も、高次元の思念を反映させた、投影された世界です。その意味では、幻影の世界、仮想の世界ということができますが、このことは、いったい現実とは何かという哲学的な問題をはらんでいます。高次元においても下の次元は上の次元を投影した世界であるからなのですが、**三次元が高次元と異なるのは、三次元が四次元の巨大ドーム、円蓋を使ってつくられた世界であり、このことが幻影の世界という表現に結びつくのです。**詳細は多次元の章にて触れます。

この低振動、高密度の三次元世界＝物理的宇宙は、存在するすべての物の1％にも満たないものでしかありません。真の創造的活動は残りの99％のところで起こっています。ですから、三次元は創造的世界を投影しただけの世界という意味において仮想の世界に当たるということなのです。

物的世界＝三次元は、個人または集団的思考、想念によりつくられた世界です。集団的思考でつくられた現実が背景にあり、その中にあなたの個人的思考でつくられた世界が交じり合っているわけです。集団の中にはあなたも入っているわけですから、そういう意味では、あなたの目の前の現実は100％あなたが構築しています。

三次元世界は各人にとっての舞台であり、あなたはその舞台のすべて、主演、演出、監督であり、あなたの魂はそれを見ている観客です。リハーサルはありません。脚本も、舞台装置、設定もみな自分がつくり上げた、自分を反映したものになっています。あなたはその舞台上で主演する役者です。**舞台上に登場するほかの出演者も、あなたが自分勝手に理解している、イメージしている、あなた流に色を付けられた人達なのです（この三次元世界ではあなたはほかの人の真の姿を知り得ません**）。

舞台は、自分が意識のなかにつくった思念や想念を自ら体験するところです。自分でつくったものを自らそれを体験する必要があります。その舞台の内容は100％あなたが選び取ったものであり、他から強制されたものではありません。

三次元世界にいる人々は現実を次のように考えます。

周囲の現実は自分と何の関係も脈絡もなく、自分の外に確固としたものとしてあり、自分が移動するにつれて目の前に次々と現れるもの、またその中の空間に自分は外から放りこまれたものであり、理由もなく不条理に変化し、自分はそれに対し反応する、対応するだけしかできないのだ、と。

しかし、現実は生前の脚本に沿って自らが放つ思考、想念が結晶化して周囲の環境として結実したものであって、そこに偶然はなく、如実にあなたの心の内容、心構えを投影、反映しているもので、自分と環境、現実との間に分離はありません。自分の意識の延長にあるものともいえます。

現実はあなたが送り出した波動を映し出しているだけで、あなたが意識を変えて波動を変えるときだけ現実は変わります。自分が本気で信じている考え、想念を象徴的に現実化するほど意識というものは強力なパワーを持っています。だから、自分の波動にないもの、合わないものは現実化することはなく、またそれを体験することもできません。

三次元では常に対極的なものが存在し、これを二元性——双極性といいます。光があれば常に闇が存在し、闇が光を、光が闇を定義づける世界です。光だけだと、光がどういうものかわからず、闇があって初めて光がわかる、そういう世界です。また、一方に力を入れると、必ず他方が競い立ちます。大きくスイングする振り子やシーソーゲームのように、絶え間なく不安定な状態が続きます。愛と憎しみ、陰と陽、正と負、善と悪、幸福と悲劇等の相反するものが常に変遷、目まぐるしく変わり、良い状態のままに定まるということがありません、三次元とはそういう様相を呈したものです。

人は誰でも、幸福、喜び、豊かさ、安楽のみを経験したいと望みますが、この世はそうはいかないようになっているのです。この世においては、魂の成長のためにあらゆる経験をすることが求められます。白人だけに転生することはなく、黒人にも男性にも女性にも貧困な境遇から富裕の家にも転生してきました。悲劇、不幸を経験して初めて幸福の意味を深く理解することができるというふうに、一方のみを経験するのではなく、両極を経験してバランスを取ろうとします。

一方だけを経験するわけにはいかないのがこの三次元です。そのために多種多様な経験、学習ができるように配合されている世界で、すべてのバランス、帳尻が合うようにうまく手配されています。

一回の転生の中でもバランスを求める力は働きますし、数回の転生の間にもその力は働いています。「人間万事塞翁が馬」また「禍福はあざなえる縄のごとし」という言葉があります。世の吉凶禍福は、転変常なく何が幸で何が不幸か予測しがたく、この世の幸、不幸は、より合わせた縄のように、常に入れかわりながら変転するという意味ですが、まさにこの世の二元性をよく言い当てています。

二元性の世界になった理由

二元性はもともとあったものではありません。前にも話しましたが、元来、所有していた能力の濫用、誤用が意識の低下とともに行われ、そのことが次第に地球の振動数の低下を招き、それにつれて二元性が顕著となってきたのです。

私たちが今地球上で経験している多様な内容は、この二元性の解消、昇華のためのものですが、実際には二元性の世界であるために思考、行動を通じて二元性を次々と創造しました。分離、比較、対立、競争、偏見といった、終わりなきゲームの世界にずっと引きずり込まれてきたのです。そのため、もう十分だというほどに私たちは苦しみ、苦労してきました。

多次元性を持つ生命体

振動数の違いが種々の存在のあり方、世界を生み、多次元の世界をつくっていますが、私たちはこの物的次元の世界が唯一無二の世界であると錯覚しています。そのために、この世に執着が生まれるのです。この世にとらわれ、縛られ、他の次元から隔てられた意識状態から脱するためには、人間そのものが多次元的存在であるということをよく理解する必要があります。

私たちの身体はこの世にありますが、魂や感情体、知性体、光の身体（プラズマ体）は上の次元で活動しています。つまり、あなたはいつも多次元的に存在しているのです。この世の万物は、物的側面とその電磁気的側面としてのプラズマ体があるという意味において多次元的です。魂のレベルで見れば、魂の家族はいろいろな次元に同時に存在しています。あなたは今この地球にいますが、あなたの魂の分身、高位の魂たちは地球以外の惑星にも、異なる次元にも存在し、多様な次元に存在する全体としてのあなたは、とてつもなく多次元的なのです。この世の肉体だけを自分のすべてとし、この世を唯一の現実としている人も、実際には複数の自分の分身が同時に異なる次元、世界に生活しており、異なる現実を経験、創造しているのに気がつけば、とても驚かれると思います。

私たちは今、多次元の中の地球の物的次元の時間軸のほんの一部に、空間に存在しているのです。あなたの意識がこの世の時間軸にのみ集中している間は、自分の多次元性を理解できないでしょう。あなたは人間であると同時に人間を超えた存在です。この物的次元において人間に扮して、人間になりすましているとも表現できます。**多次元的で人間をも超えた光の存在があなたの正体です。**

この真の姿を受けとめ、心に深く銘記してください。あなたが当然のこととし、大前提としている信念、思い込みを洗い直し、真実を認識することにより、あなたの人生は大きく好転していきます。多次元に関して誤解のないようにしていただきたいのですが、三次元が低くて下等である、四次元から上の次元が上等で高等である、ということではないのです。各次元にはそれぞれの独自性があり、それゆえに尊いものです。

違う惑星や次元に同時に存在している分身がいるのであれば、なぜ私たちは新しい魂として地球を選んだのかとの疑問が生じるでしょう。人にはそれぞれの出身星があります。地球だけでなく地球外生命体の出自で、この地球に転生の場を求めて人生を送っている人が非常に多いのです。地球は数多くの星からそれぞれの遺伝的起源を持つ者が集まり、転生を営む、いわばアメリカのような**宇宙規模の人種のるつぼとして選ばれた星**と言われています。

この地球文明は、さまざまな存在のるつぼ、寄せ集めであり、その独自性、ユニークさを生かしつつ、全体として調和を図っていくという、大いなる挑戦としての場、実験場なのです。その社会のなかでそれぞれの個人が変容することで、歴史、文化の中で保持され維持されている、真実とは相容れない信念体系、またそれに支えられている集団意識を変容へと導き、調和ある社会をもたらすという大きな実験的舞台が地球です。

人間は出身星をベースとして、魂がそれぞれに枝分かれし分身化して、ある分身は地球に、他は違う惑星へ、違う次元、違う時間軸へと同時的に生を営んでいます。私たちの表層意識、自我意識は気づきませんが、統合意識は光の身体を使って絶えず他の魂とコミュ

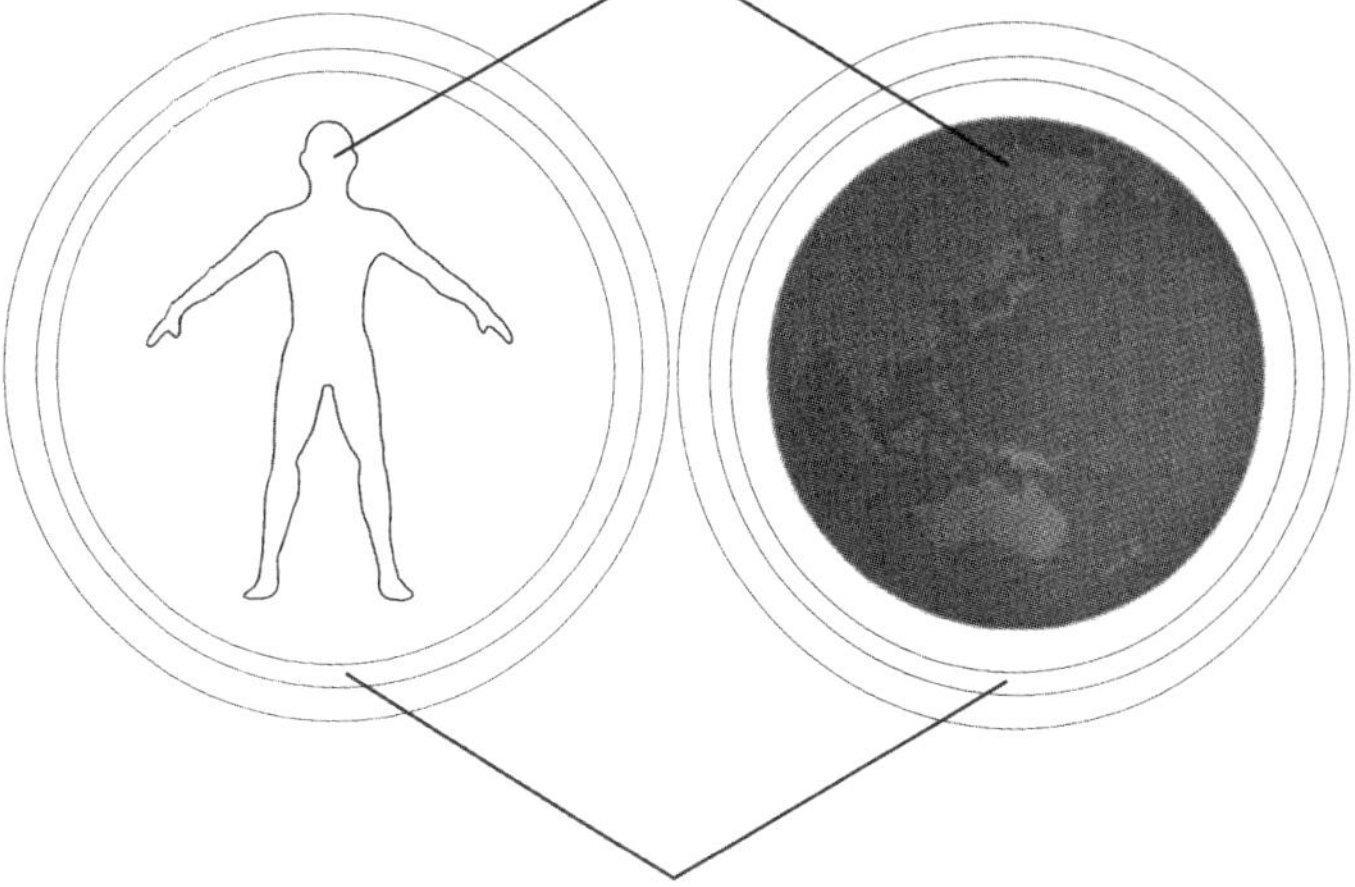

（図23）地球とプラズマ体

ニケーションをしているのです。離れようもない電磁気的な強いつながりがあります。私たちの想像をはるかに超えた多次元性です。多次元性こそが私達の真の姿です。この肉体のみを自分のすべてとする錯覚や思い込みが、いかに真実を歪曲した認識であることかわかると思います。

何も人間のみが意識を持つ知的生命体ではなく、地球自体も意識ある生きた存在です。地球レベルでも次元変化があります。人間が光の身体を通して他の次元に出入りすることができるように、地球はじめ、惑星、恒星も自らの光の身体を通して他の次元や宇宙に移動する多次元的存在なのです。**地球**

もただの岩石や大地、海、空気だけでなく、自らの意思を持ち、生きていて意識ある生命体と認識してください。

そう言われると驚かれるでしょうが、意識は鉱物から人間に至るまですべてに宿っています。鉱物も人間と同様に物的側面に加え、その電磁気的複製体としての光の身体（プラズマ体）を持っており、これは、惑星や恒星も同じです。チャクラというエネルギー取り入れ装置、変換システムもあります。

地球も、私たちが見て感じ、触ることのできる物的側面が消滅しても、光の身体たる地球は生存します。人間だけが、人間の形態をしているものだけが生きて意識ある存在ではないという認識は、私たちのものの見方を根本から変革させる契機になるでしょう。

地球の次元上昇

物的身体には必ず光の身体（プラズマ体）があると述べましたが、私たちの肉体や物的地球のような意識ある生命体には、必ずしも物質体があるわけではありません。光の身体はいつも物的身体を持つわけではないのです。物的身体には必ず光の身体がありますが。高次の魂ほど物的なものではなくなるのです。非物質体としての光の身体で意識的活動をします。必要なときのみ、物的次元にまで振動数を下げて、この世――物的次元に現れ、また非物質的体に戻っていくことができます。万物は多次元的構造を持ち、物的次元にも存在するものとそうでないものがあります。

次元が変わったということが顕著にわかるのは、私たちの肉体の死の直後の状態です。存在のあり方が変わるからです。肉体の死後、光の身体（プラズマ体）での生活が始まりますが、より振動数の高い、新たな時空間、秩序の世界なので、違いにすぐに気づく人とそうでない人があります。

現在、地球が三次元からより振動数の高い四次元、五次元に向かっていると言われていて、それにつれて私たちが日常考え、言っていることが以前よりもますます早く現実化する、時間の経過が加速的に速くなっていると感じている人が多いと思います。それは、三次元からより高次元に向けての地球規模の次元的変化がすでに起きている証しとなるものです。動植物も、次元上昇に伴う変容のプロセスは人間と同じく、物的身体は次第に変化、細胞の振動数が上昇して最終的にはその次元に合う光の身体になります。

次元が上昇することは光の密度が増大することです。この光の高密度化、光エネルギーの上昇は、細胞、人間の形態そのものにも重大な影響を及ぼします。今までよりもエネルギー準位が著しく高くなるために、身体の仕組みも組み立て直さざるを得ません。身体がはるかに多くの光エネルギーを保持する必要に迫られるのです。そのため、高次元においては今の平均身長の倍くらいの身長でないと多くの光エネルギーを保持できませんので、**今よりもかなり身長は高くなります。**

光のエネルギーは進化するエネルギーであるために、進化しようともしない存在に対しては、その進化を助けることはできません。この時代に生きる私たちは、地球自体の次元上界のプロセスのなかにいて、古い価値体系、固定概念、信念体係を見直し、この地球に転生を開始した頃からのうっ積した感情、刷り込まれた信念、誤った観念を手放し、解放を促す光の中に浸っています。自分の持っているものをすべて解放する、さらけ出して委ねる、手放すことが必要となります。今まで累積した思いや感情に固執することなく、自ら解き放つことが大変重要な時代にいるのです。そうして精神的にスリムになって、シェイプアップしましょう。今の世界はあまりにも多くの言葉、概念や思想があふれ、情報過多傾向がそれに拍車をかけているがために、いったい何が本当のことなのかわからなくなっています。基本的な、普遍的に通用するような考え方のみを抽出、蒸溜することで、いったん頭の中を整理してスッキリしましょう。

今、私たちは偉大な存在である大いなる自己——魂、つまり未来のあなたに融合する旅路にいるのですが、次元の上昇が今はおだやかに進んでいるので、現実化、時間の加速化以外にはこれといって次元の変化のプロセスに気づいてはいません。

　この物的世界では、私たちはもう十分というほどの辛酸をなめ、苦難を経験してきました。今後、次元上昇のプロセスを通じて私たちが獲得する最大の恩恵があるのです。それは、**今まで記憶にベールをかけ、新しい肉体に入り、転生のたびに全く最初から人生を始めるという転生のプロセスを、もはや経験する必要がなくなるということです。**

　直線的時間ではなく今という瞬間しかないとわかったなら、今まで転生と考えていたものは本来的にはないのだと理解できるので、転生自体がなくなります（すべての転生の人生は今同時に起きているという理解）。今までのように転生自体があって、自分はまたこの物的次元に生まれ変わらないといけないんだと思っていれば、今までと同じような転生のプロセスが展開していくことでしょう。

　次元上昇のプロセスは、あなた一人だけがその渦中にあるのではありません。これは宇宙的イベントであり、あなたの本来の自己、つまり、あなたの大いなる、あらゆる意識体も上昇し、全く新しい天界、次元をつくり出すプロセスの中にあなたもいます。人類の魂、地球、惑星、恒星の次元もそれぞれ上昇していくのです。今、あなたの魂の座である肉体もすでにその影響を受けています。肉体の振動数も、あなたの意識も上昇して、自己に対し、また他者に対する意識も変容していきます。**次元上昇の光は、その進化させるエネル**

ギーによって意識指数を上昇させ、愛と光でない一切のものが変容、消滅しているのです。DNAも細胞も変容しています。地球の歳月にして十万年間、あなたの細胞の中で眠らされていた光の輝きが点火されつつあるのです。

そして**今後は、お互いの存在を、振動するエネルギーフィールドとして認識するようになります。**相手の感情も心の動きも瞬時にテレパシーでわかり、言葉ではなくテレパシーで交流するようになります。次元上昇したエネルギーは、あなたの想念を今までよりもすぐに現実化させるでしょう。そういうプロセスから起こる次元の内容も変化してゆかざるを得ません。

四次元について

四次元とより高次元との関係、また四次元と物的次元との関係は複雑な仕組みでつくり上げられています。各次元は七つの段階に分けられていますが、四次元の下部階層と上部では世界が大きく異なります。まず四次元の時間に関していいますと、三次元と四次元の下層局面まではまだ直線的な時間軸（一方向、過去より未来へと流れる時間）という時間感覚が存在する世界です。

四次元以上の階層での時間は段々と流動的になり、地上より相当時間の流れが速くなります。**五次元以上の次元において時間はなく、ないというよりも止まっている、また時間を自由につくれる、時間を速めたり、遅くしたり、止めたり、再生したりできるのです。**つまり、三次元のように時間に縛られている、制限されているのではなく、時間を超越していて、全く問題や妨げにはなりません。

五次元以上はワンネスの世界なので、自分の意識の中ですべてのことが起きていて、それを上から見ているとイメージすればいいかと思います。どんなに離れているように見えても、上から見ているために出発点も到達点も同時に見えていて、意識の中で一瞬で隣接した点に変えることもできるからです。四次元は三次元より振動数の高い領域で、広大な世界です。最初にある非物質的な領域で、感情体はこの領域で活動しています。

人は寝ているとき、肉体をこの三次元に残したまま、**銀色のシルバーコード**が伸びて次元のボルテックス（次元間の開口部、穴）を通り、光の球体となって四次元や五次元、さらには六次元以上の高次元にまで旅をしています（このシルバーコードは驚異的な伸縮性を持つゲル状の液体プラズマです）。**この球体という姿は人間の本当の姿です。**この球体からどのような生命体にも変化することができますが、今は人間の体に変化しています

この旅の途中で、半分肉体の中にいて、半分四次元にいるとき、自分がまだ肉体の中に

いるつもりで体を動かそうとするが動かない、つまりこういった**金縛りという現象**とは、三次元と四次元との間の宙ぶらりんの状態のときに起きるのです。

三次元も四次元も根源エネルギーから出る生命エネルギー、**光の全スペクトラム**は届いてはいません。半分のスペクトラムの部分だけが届いており、この**ハーフスペクトラムの光**はポジティブにもネガティブにも使用可能ですが、フルスペクトラムの光はポジティブな創造にしか使用できないので、この三次元と四次元の下層界には善と悪が共存していることになります。

私たちは死後四次元の七つの局面を通過して、光と愛であふれるワンネスの世界、五次元にまで到達する必要があります。四次元の上位局面に行くに従い、振動数の高まりを反映して、より鮮やかな色彩、より洗練された美しい景色が広がり、そして色はとても活き活きとして輝いています。四次元世界の存在はプラズマでできており、自ら諸々の光を放射しますので、太陽も必要ないのです。

この四次元は感情、想念の領域であるため、特に下部局面においては三次元や四次元の調和を欠いた大衆意識が流入しており、その想念界を通過して**五次元に入るには、自らの不調和な感情、情念を浄化し、中立化しなくては通過できません。**

換言しますと、四次元にいる間に生前から培った固定観念、先入観、思い込みを修正し、ドロドロに鬱積した感情を浄化する必要があるのです。それらは当然、高次元世界の周波数と共鳴しない性質のものですから、そのままでは高次元に物理的に立ち入れません。特に厄介なのが宗教的信念体系です。罰、罪、地獄という恐れと不安を植え付けられ、恐怖に駆り立てる信念を畳み込まれているので、なかなかそれを手放すことが難しいのです。信念や今まで疑う余地のないほど当たり前として認知していたことを手放すという段になると、今までの自分が全否定されるような、自分が自分でなくなるように感じてきます、

前に記したように、自我は変化に猛烈に抵抗して不安や恐怖を駆り立てるので余計に手間取ることになります。実は、不安や恐怖は自分の外にある何かが感じさせる、または生み出しているのではなく、自分の頭の中で一生懸命に再生産しているだけなのです。不安や恐怖はどこにもないのです。あなたの頭の中にだけにあります（**恐怖を植え付けるというのが、人間を一番コントロールし、支配しやすい手段なので**、邪教は恐怖、不安を煽り、それにかこつけて金銭を収奪します）。このことは、**この世でマインドコントロールを解く**ことと何ら変わりありません。そう考えれば難しさがわかってくるのではないでしょうか。

ここで話は少し脱線しますが、地獄について簡単に触れてみましょう。あなたにとっての地獄というところはありません。また、あなたとは別に存在し、あなたをあの世で待ち受ける地獄というのも存在しません。自分の意識や心が地獄のような状態であれば、それ

を反映してあなたの周りにそれを象徴的に投影する地獄のような環境がつくりだされます。誰からも強制されてもいないのに、自分で自分の地獄のような環境をつくるのです。

こんな環境は嫌だ、こんなところには居たくないと思い、自分が光の存在であることを思い出したり、今までのことを反省したりすれば、一瞬にして消え失せ、違った意識の状態になったあなたを反映する環境に変わります。要は環境と自分の心の状態が一つのもの、鏡のようになっていることを理解すれば、状況は大きく好転するに違いありません。人が地獄に落ちるのではありませんし、罪や罰として落とすこともありませんし、そんなことにはなりません。自分の意識がそれをつくっているだけで、それを改善、浄化するのは自分の責任で自ら解決する必要があるのです。

この世も、あの世も、すべては自分から始まっている、自分の意識から始まっている、それを解決するのも、できるのも自分である、他のものや人は関係ないということを深く心に留めおいてください。何か自分の外に自分の救世主がいるわけではない、自らが自らを助ける以外にはないことを——。

天国のようなところに行きたければ、生前より心の中に天国のような暖かい、和やかな、浄化された心の世界を醸成、育成する必要があります。そうすれば、死後その精神世界を映し出す、天国のようなところにいる自分を発見することでしょう。もしこの世にても、あの世でも、今いる環境が嫌であれば、自分の心を浄化することに努めれば、特に四次元以上の高次元においては、すぐにでも環境はあっという間に変わることを覚えておいてください。

四次元の下部局面というのは、今までの人生の積み重ねで何をなしてきたのか、今までの人生で達成した課題、成し得なかったこと、カルマ等を考慮して、それらを清算する場所です。それはあなたを批判、断罪、責め立てるものではなく、今後の成長、進化のために客観的に見直す、違う観点から洗いなおす程度のものであり、今後の糧にするためで、裁判所のような追及ではないことを明白に言っておかねばなりません。

今までのことを振り返って清算したのち、それまでどのような転生を積み重ねたのか、経験の内容、どの程度課題を果たし終えたか、それによって培われた固有の振動数に応じて、それに見合った世界に行くことになります。四次元の下部局面をあっという間に通り過ぎる人もいれば、そうでない人も多数います。いままで生きてきた地上界への執着が強く、なごり惜しく離れられない人、死んだことがわからない人、悔恨の情や、悲嘆、怒りに燃えた人など、負の感情の渦中にいる人たちがそうです。

最後に、四次元自体が巨大なドーム、円蓋、スクリーンの構造になっていて、三次元世界を仮想現実の世界としているホログラム＝幻影をつくり出していることについて言及し

ます。

これは、ほかの次元には認められない四次元の一大特徴なのです。巨大なドーム、円蓋を挟んで三次元と並行する次元と考えてください。三次元以上に広大な次元です。五次元以上の光が四次元の光も含め四次元に降り注ぎ、それらの光が四次元のドームの二次元平面に干渉波をつくり、それに光が当たることで、三次元世界に立体的映像＝ホログラムを結ぶことでこの三次元世界がつくられています。つまり、この三次元の物的世界はホログラム、立体的な映像世界ということです。映画の中の世界のように。このことこそ三**次元世界の隠された秘密なのです。ちなみに、**ホログラムとは何もない空間にあたかも存在するかのように表示された立体映像のことです。

　ホログラムの場合、本物の物体、例えばリンゴの情報を二次元＝平面に干渉波として保存し、それに同じ光を当てることでそのリンゴの立体映像を映し出すことができます。通常の映像では、物体に反射した光の振幅＝光の強さと、波長＝色のみを記録するために、リンゴの映像は**平面の映像**として記録されます。ホログラムの場合には、リンゴに当たった光と当てない光を干渉させた結果としての干渉波を平面媒体に記録しますが、それにはホログラムに必要な位置の情報＝位相（光は波なので波の位置のこと）も記録しています。だから、平面に記録された干渉波に同じ光を当てることで、リンゴの**立体的な映像**ができるのです。日常生活で、私たちはいつもこの世のことは平面ではなく**立体像を見ています****が、それは光のすべて、つまり光の波長、振幅、位相を見ているからできるのです。**平面、二次元に記録された干渉波には光のすべての情報が記録されているので、人間の目には記録されている光が立体的に見えることになります。

この立体的な映像はあくまでも映像であり、本物のリンゴではないということが、ここでは肝となるポイントです。映画はデジタルメディアに記録された情報をスクリーンに投影したものですが、映画そのものは実体ではなく、あくまでも映像に過ぎないということと同じです。**この干渉波のどこをとっても、リンゴのすべての映像が得られるのです。どんなに小さくした映像でも、リンゴの立体映像のすべてが得られます。どんなに小さくしても元のすべての情報が含まれているというのは、驚異的なことです。このことは、人間が根源のエネルギーの複製の積み重ねの中で誕生した存在であって、人間のようにどんなに小さな生命体の中にも元の情報が含まれているという考えの根拠となるものです。**

本物の実体は高次元にあり、その立体映像としての仮のものがこの三次元の現実にあることになります。一例として、四次元の下部局面には地上とウリ二つの世界がありますが、その四次元世界をホログラフィー（物体の立体像を復元する方法のこと）でこの地上に顕現しているのです。

（余談ですが、高次元から三次元世界の人々を教導する、また時には幻惑する目的で立体的な映像は昔から使われてきました。高次元から三次元に立体映像を射し込むのです。当時の人々にとって、また現代人にとっても立体映像と現実に起こっていることとの見分けはまずつきませんが、なぜか見ていると不快な、いやな感じがあるそうです）

私たちのいるこの世界は、いわば映画の中の世界、3D映像の中の世界ということになります。人間の肉体はこの三次元世界にあり、感情体は四次元に、精神体は五次元で活動しています。私たちの意識を通して、感情体、精神体、プラーナ体等の働きで三次元世界をつくり出しているわけです。四次元のドームを鏡とすれば、私たちは鏡の中にある世界ということです。本体としての働き、魂と光の身体は高次元にあって、肉体のみこの三次元で活動しているわけで、この肉体を含め、周囲に見る人、モノ、大地等の物的なものはすべて仮想現実のホログラム、幻影であり、それゆえにこの現実は仮想の現実ということなのです。

繰り返しになりますが、この三次元世界は個人の意識と集団意識とが合わさってできた世界です。**個人の意識が自分なりの、自分流の、自分勝手な世界をつくっています。人生で出会ったいろいろな人も自分流につくり上げた人であって、その人そのものではありません。その人そのものに触れるためには、魂レベル、五次元以上の世界で初めて可能にな**

ります。集団意識の中にも個人の意識が入っていますから、今あなたがいる周囲の世界はすべてあなたの意識によってつくられた、いわば映画、舞台のような世界で、この世は様々な人たちの映画が同時上映されているということもできます。

舞台の主演であるあなたは真剣に演じなくてはなりませんが、あくまでも映像の世界のこととして、この世の諸事などをあまりにも**深刻**にとらえ、受けとらないようにしましょう。**人生芝居のように思って、自分の目の前の課題に情熱を燃やす、あとのことはいろいろなことが来るべき時に来て、起こるべき時に起こるだけのように考えてみましょう。**

舞台設定もどういう脚本にするかも全部自分で選択し、自分があえてこの困難な制限のある世界にいることを魂レベルで選び取ったのです。**毎日を情熱的に生きて、あとのことは魂に任せましょう。**

四次元は鏡に囲まれたような世界であり、九次元から七次元のフルスペクトラムの光、六次元からのプラズマでできた物事の造形に必須の幾何学模様をもたらす光、五次元の知性、意識の光が大量に降り注ぎ、四次元の感情想念の光とともに、四次元の鏡に干渉波ができ、その干渉波に光がまた当たることで三次元に結晶化したホログラム「三次元形態」をつくり、それが三次元世界の環境や物的存在となる、これが四次元の役割です。このことは複雑で込み入っていて、理解するのに困難なところですので、大体のイメージを持てばそれで充分であると思います。

五次元について

ワンネス＝統合意識が五次元において始まり、この次元は九つの次元の中心に位置する。統合意識とはすべては一つであり、一つはすべてという意識。分離のない意識状態で、愛と創造性の次元です。根源エネルギーのすべてのスペクトラムの光が降り注いでいる次元で、その光に囲まれている次元になっています。五次元からさらに上の次元になっていくにつれて、多くの場合、形は透明で、クリスタル状となり、時には流動的にもなります。形は九次元までは認めるものの、それ以上の次元では、形はなくなります。

五次元はハートの次元、愛の次元です。あなたが自らの心を愛で満たし、その器から愛が外に流れ出し、ほかの人にも愛を与えることとなり、また愛に基づいて行動するならば、肉体はこの三次元にありつつも、あなたは五次元の波動と共鳴がゆえに、五次元の世界にいるのと変わりありません。五次元は時間と空間を超越した世界ですので、時間や距離というのは意味を持たないのです。というのも、どんなに離れたところにも一瞬で行きますし、何事も即座に行うことができ、時間がかからないからです。全く物事を制限する要素にはなりません。魂の活動する時間を超えた次元であるために、輪廻転生のすべての人生を一望に見渡せ、そのすべてが魂の中で融合するのを感じとること、また個別の魂としてのあり方を体験することもできます。

人間の意識のうちにある高い周波数の存在と融合することで、高い次元の存在を体験することになるでしょう。あなたという存在と、別の次元や場所にいる自分というものは、すべてあなたの意識の中にあります、あなたの意識には外というものはありません。私たちは無意識のうちに意識の振動数を変えて変化し、振動数に共鳴する並行現実に移っているのです。意識の中には低い振動数から根源エネルギーの振動数のような超高速振動数に近いものまでの領域があり、今あなたはこの地球の三次元のこの空間と時間に共鳴する振動数を選択しているがために今ここにいるのです。

たくさんの自分がいると今まで何度も言及してきましたが、いったいどういうわけで多くの自分が必要なのでしょうか。**それは、すべての体験をその次元で、その場所でできないからです。一つの舞台で、同時に違う芝居はできないのと同じことです。**同時に存在している他のあなたは他の次元や未来という舞台で生きていて、その中で経験を積んでいます。そして、**すべての可能性としての現実を網羅するように経験し、それを通じて自らを創造し、探求していく糧とするのです。**

意識がこの物的次元にフォーカスしたとき、この次元特有の時間と空間という枠の一つに自分自身をはめ込みます。その枠というのは、自分の振動数に共鳴する枠です。枠の一つ一つが一つの人生の舞台となっています。そして一つの枠、また一つと順に時間をかけて経験していくことになります。この三次元で暮らすものはそのような知覚を持っていますが、高次元から見れば、すべての舞台が一望のもとに見渡せますし、多くの演じられている舞台を同時に経験することができるのです。

三次元では光が反射したものの表面しか見えませんが、五次元では物の表面を見ると同時に、中からも見ているふうに、三次元とは異なった現実の把握の仕方をします。この五次元も七つの階層からできており、広大な次元です。しかし、個人的にも社会的にも、全く問題も課題もない社会ということはありません、すべては流動的であり、常にバランスをとる必要があるからです。

六次元について

この物的次元に物質が生命体となって形をもって存在できるのは、形態をつくるためのエネルギーフィールド、形態形成場＝光の身体があるからです。三次元のあらゆる形態のエネルギーフィールドが保存されている次元が六次元です。このことは、もし六次元の働きがなければこの三次元は全く形のない世界になってしまうということを意味します。三次元自体が成立しないわけです。三次元の現実を形成している六次元の光の形態は、この上なく精緻な世界です。四、五次元で働く感情体、精神体、そして六次元の形態形成場、人間でいえばオーラ場の協調的な働きが、四次元の巨大なスクリーンに反射してホログラムを結ぶ、それが結晶化して三次元に顕在化したのが人間という存在といえるでしょう。

実はこの形態形成場＝オーラ場は一九五〇年にすでに撮影されていました。旧ソ連の電器技師だったミショル・キルリアンがフィルム感光版と被写体を接触させ、高周波を使って一秒間に七万五千から二十万の電気パルスを流すことでレンズカメラを使わずに写した写真があり、**キルリアン写真**として有名です。この光＝オーラは、仏像では光背として描かれています。

この物的世界は四、五、六次元の世界なしには成立しません。四次元世界は五、六次元世界なしには存在できませんし、五次元も六次元の働きが必要です。形態形成場には六つの原型的なプラトン立体と呼ばれる正四面体、正六面体、正八面体、正十二面体、正二十面体、そして球体があり、それらの形態の組み合わせから成り立っていて、それからすべての形態がつくり出されます。人がイメージする形態、概念に対応する記録庫が六次元に位置しているのです。例えば雪の結晶やクリスタル、ミステリーサークルという精緻で知的な形態などは、六次元の典型的な形態概念を現象化させたものといえるでしょう。五次元より高次元で振動数の高い六次元は、すべての時空を見渡すことができる、光り輝く、まさに天国の世界です。私たちがイメージできる天国のありさまをはるかに凌駕した美しさで、無条件の愛のバイブレーションからなります。

私たちの魂は基本五次元において活動し、その上位の魂は六、七次元にいて人間のような形態を依然有していますが、より高次元になるにつれクリスタル化、透明化した身体になり、液体プラズマからできているために自ら光輝く身体です。九次元以上の根源エネルギーに近い次元、絶対的次元は形を持ちません。六次元以上の世界については、自分の力量を大きく超えていますので、言及できませんが、より輝いた、知的で精緻な、美しい環境にあるのは間違いありません。惑星自体のバランスをどうとるのか、他の知的生命体や惑星との協調的関係の維持、銀河系内の進化した生命体や惑星との連帯、協調的役割を果たすことなど、**銀河人としてのワーク**が主体の世界となっているに違いありません。

それらのことに加え、高次元の存在の働きの中に、この世にはほとんど知られていない非常に重要なことがあります。地球時間でいえば太古からずっと、この地球や他の惑星、銀河系においても闇の勢力との絶えない戦いの歴史がありました。闇の勢力とは、略奪、殺戮、征服、物理的また精神的支配、服従、奴隷化などをもくろむ地球外生命体のことです。この三次元社会に対しては、情報操作、真実の隠蔽、歪曲、洗脳、精神的支配のための組織宗教、経済的支配のための金融界への介入等、枚挙にいとまないほど多くの奸計、策略、誘導があったのです。私たちは真実から目をそらされ、隔離されてきました。地球は宇宙の中でも別格の美しい惑星であり、この世的な表現をすれば、特上の不動産と表現することができるでしょう。さらに、金などの貴重な地下資源が豊富にあるために狙われやすく、そのため支配権をめぐって多くの戦いが繰り返されてきたのです。銀河や地球を守るために、他の宇宙から来た勢力とまでも、高次元の聖霊たちがずっと戦いにあたられ、そのおかげでなにも知らずに私たちは呑気に暮らすことができているのだということを、感謝とともに頭の片隅においておくべきであると追記しておきます。

多次元のまとめ

どのように次元の数を決めるのかについては、振動数をどのように分けるのかということと、次元の物的法則の変化をどのように考えるかということから、十三次元に分けたり、十二次元、十次元としたりしていますが、この数にはあまりこだわる必要がないとしておきます。各次元は七つの階層に分けられ、上位次元ほど振動数が高くなり、密度が低下、振動エネルギーが根源エネルギーに近づきますので、より光あふれる世界となります。

宇宙は光、振動の奏でる音、色、エネルギー量として自らを表現し、そして九次元以上は高エネルギー、低密度のため、形を持つことがなく個別性が薄れていく次元です。

この宇宙は波動的な宇宙、つまりすべてのものが振動＝波動から成り立っており、それらの間には**共鳴という働き**を通して物事が伝達、創造されていきます。

上位の次元が下位より優れているということはありません。各次元それぞれの目的があり、物理法則があり、環境があり、それぞれの役割に取り込んでいるのです。

三次元と四次元の下部局面においては直線的な時間がありますが、それ以上の次元においては時間空間の制限はなく、すべては瞬時に起きるので、空間、時間を超越した次元となっています。

偶数次元は銀河系の密度、法則、構造を生み出す次元で、たとえば四次元の巨大ドーム構造や六次元の形態形成場など。**奇数次元は**その法則を実際に生きて体験する、自分自身を創造する、自らを探求する次元となっているのです。

根源エネルギーから離れれば離れるほど振動数が低下し、その次元の物質の密度が増大し、エネルギー量も減衰します。

高い次元は高い周波数に共鳴し、密度の濃い次元はより低い周波数に共鳴する世界。次元間の明確な境界線は存在しません。それぞれの次元は波動の性質上、ある程度浸透し合っています。

第十四章　物的次元は仮想現実の世界

並行現実について

この章と次の章の内容は、非常に理解しづらい事象でありますが、人間という存在のあり方、機能の仕方を理解するために避けては通れません。自分の固定観念、思い込みや物的感覚と闘いながら読み進めてください。

驚くことに、私たちがいるこの物的次元は、高次元からすれば仮想現実の世界であり、その仮想現実には少しずつ振動数の違う現実が並行してあまた存在しており、それを並行現実と呼びます。今私たちがいるこの世界も、仮想現実の中の一つの並行現実です。多次元的な存在である私たちの肉体は三次元＝仮想現実にあり、光の身体や魂は高次元に存在しています。その肉体を取り巻く物的環境は、自己の意識を物的に投影したものからなります。

私たちにとってこの現実はリアルなもの、体験もリアルであり、いったい何が仮想なのかわからないと思います。一切疑念を抱かせないほど、うまく現実らしくつくられているのです。現実の対極を夢とすれば、私たちの現実は夢の世界で、高次元が現実の世界ということになります。今いる私たちにとっての現実の世界が、実は映像の中の世界＝仮想の現実と言われても、生まれてからずっとあまりにも溶け込んでいるがゆえに、また他の世界、次元を知らないので、実感を以って理解することは非常に困難です。また、仮想の世界にいると言われても、私たちはこの世を仮の世界、実験的な世界にいるのだという漠としたイメージしか持てない、またその意味がわからないのはもっともなことと思われます。しかしそれはそれとして、真相、実相の探求を避けては通れませんので、可能な限り説明をしていきたいと思います。

ちなみに、ブッダ様はこの世界が仮想の、虚構の世界であることを明白に気がついておられたのです。また、世界は多次元的にできていることも知っておられ、それらのことを当時の一般大衆に説くのに大変苦労されたであろうことは容易に想像できます。

さて、映画やゲームの世界は、私達にとっては仮想の現実です。簡潔に、仮想現実とは何か、映画やゲームにたとえると、**映像の中の人物が私たちで、高次元の存在はそれを鑑賞する人に当たるということです。**映像の中の世界はもちろん仮想の現実です。そういう仮想現実の中に私たちは今います。

量子論の解釈の一つに、多世界解釈というのがあります。これは、私たちの生活する物的世界はただ一つではなく、多数の並行世界（パラレルワールド）が存在しているというものです。この説は学会の中では今はまだ少数派ですが、真相を突いています。

原子や電子などのミクロな物質には「同時に複数の状態になれる」という摩訶不思議な現象があります。ミクロ物質、電子などは波のように空間に広がり、複数の場所に同時に存在する「重ね合わせの状態にある＝少しずつ違う状態が同時に多数存在する」ことができるのです。一方、マクロな物質は複数の場所に同時に存在することはできないと量子物理学では今まで考えてきましたが、次第にマクロな物質においても同様な現象が起こりうるという考えが広まりつつあります。実はその考えは正しい方向にあり、**この世界のもの、惑星である地球レベルのものも含め、すべてが重ね合わせの状態にあるのです。**

簡単にいいますと、一つの並行現実を一枚の紙とすると、あまたの紙が積み重なった紙の束として並行現実はあり、これらの紙ごとの振動数は少しずつ異なっています。**振動数が少しずつ違うとは、知覚、認知が少しずつ違うということを意味します。**考え方や感じ方、認識の違いが振動数の違いとして現れ、その違いを反映した並行現実に自動的に移るのです。違いが生じるたびに次々に移動し、こうして並行現実の中を絶えず移動することが、時間がかかるという錯覚を生むことになります。

ここで重要なのは、**すべての並行現実がすでに同時に存在しているということです**。その中から意識的に一枚を選ぶと、ある一つの現実が選択され物質化します。選択されなかった紙の束の一枚一枚は、この物的世界には顕在してはいないものの、違う振動数の、あくまでも物的世界の中の並行現実で同時に存在しているというわけです（物質次元にも周波数の幅があり、物質化の程度にもバリエーションがあります）。再確認しておきますが、私たちの今いる現実世界も多くの並行現実の中の一つに過ぎません。

人生は選択の連続です。大きな選択から些細なものを数えると無数にありますが、ある程度のエネルギーを注がれたけれど、選択されなかったことは並行現実となります。**実際には選択されなかった選択肢のすべてが、また選択される可能性のある現実のすべてが並行現実となって今ここに重なって存在しています**。そのうちのどんな並行現実も選択できるわけではありません。自分の振動数と共鳴する振動数を持つ現実しか選択、経験できないのです。ここで驚くべきことに触れます。それは、今同時にすでに並行現実＝パラレルワールドが数多く存在していることは先に言及しましたが、並行現実の世界には、あなたと少し振動数の違ったあなた＝パラレルセルフがすでに並行的に同時に存在しているのです。

あなたの前には、あなたが選べる選択肢＝並行現実があり、それぞれに並行現実の世界がすでに存在しています。それぞれの世界にはあなたとは少しずつ周波数が異なるあなたがすでにいるのです。各々の自己はその自己の振動数にあった世界、つまり自己に共鳴する世界にいます。ほかの世界には共鳴しないので存在できないのです。あなたが自分の周波数を変えるべく意識的な変化を遂げた場合、それに見合った周波数の世界へと移ることになり、変化する前の自分は依然元の世界にいて活動しています。移った先は自分が理想とする世界かもしれません。また、自分の意識を低下させるような周波数になった場合には、自分にとっては思わしくない、嫌な世界に立ち入っているかもしれません。

あなたがどういう周波数の変化を遂げたかで行く世界があまたあり、それらの世界はすでに存在し、変化を遂げたあなたもすでにそこに存在しているということです。理想とする、こういうふうな自分になりたい、そういう自己はすでに存在しています。その世界のあなたに、あなたはいつかなるのです。今までのあなたも、今までの世界に依然存在しています。だから、あなたが他の世界に移るとすると、元の世界のあなたがその世界からはいなくなるということではないのです。要は、自分がなりたい自分になる、**その世界にいる自分に変わるには、意識の中でその自分にふさわしい周波数を醸成するほかありません。再確認しますが、それらの世界は周波数の変化とともにできるのではなく、もうすでにあ**

る世界に移るのだ、ということがこの世の感覚と違うところです。周波数を上げる、高い振動数の自分になるためにはどんなことが大切かについては、最後の章で詳しく書き記します。

並行現実を現実的、具体的なことから考えていきましょう。

もし花子さんが意中の人と婚約したとします。婚約に至るまで彼女は悩み、期待、不安、喜び等の感情的エネルギーや今後の結婚生活についてあれこれと考え、精神的エネルギーもかなり傾注してきたはずです。ところが相手から、事情が変わったので婚約を解消してほしいと要請があり、やむなく断念。その一年後、ひょっこり高校の同級生と出会い、それがきっかけに、その彼と結婚に至りました。この場合、最初の人との結婚は選択されなかったわけですが、このように選択されなかったこと、ある程度以上エネルギーを傾注したことに対しては、パラレルワールドができるのです。そのパラレルワールドの中では、花子さんは当初結婚したかった男性と結婚し、その生活が別の次元の現実の中では展開されている、そこにはこの物的現実世界にいる花子さんとは少し振動数の違う別の花子さんがいて、その人物が結婚生活をしています。

高校の同級生と結婚した花子さんも、別の物的現実世界にいます。ほんの少し振動数の違う物的世界です。ですから、この二人の花子さんは振動数が違うので出会うことはありません。これが並行現実というものです。つまり、ある程度のエネルギー量をフォーカスすると、そこに並行現実ができます。ありとあらゆる振動数の違う現実を同時に体験する、徹頭徹尾可能性を追求し体験するという魂の性質のゆえにそのようなことが起きるのです。

花子さんは亡くなった後、彼女の守護についていた高次元の人がガイドして、婚約破棄した男性との結婚生活がどのように展開していったのか3D映像を見るように並行現実を鑑賞することができます。その後、花子さんは大いに悩み、他の人との結婚を願い、そして離婚するかもしれません。離婚を選択した場合としない場合の現実は分岐し、各々の並行現実が同時に進行していくことになります。エネルギーをかなり注いだことでないと並行現実はつくられません。ふとした思いとか、ちょっと考えたくらいでできるものではなく、また自分の固有の波動とかけ離れた波動からなる現実が生じること、またその現実を経験することもないのです。もしある日本人がアメリカの大統領になりたいと願い、そのことを強くイメージしても、アメリカ大統領としての周波数とその日本人が持つ周波数が全く違うために実現することはありません。

自分が強くイメージし、それに沿って行動を起こし、その現実化を信じられるようになったときに、この物的世界の中にその現実がつくり出されるのです。エネルギーをかなりの程度まで傾注したけれど、この現実世界には実現化できなかった事象は魂の内的自己の中で経験されます。つまり、すべての並行現実化したものはすべて実際に経験されているのです。魂の徹底した機能は恐るべきものと言わざるを得ません。

並行現実は、あなたの意識のあり方を正確に反映して、外に映し出しているだけです。それは意識の反映であり、周りの世界、物理的世界とは意識を映し出す鏡ともいえるでしょう。**私たちはその鏡に映った世界の中にいるわけで、ちょうど映画の中の出演者なのです。魂レベルでこの映画を鑑賞し、同時にその中の出演者と同様の体験を意識の上でしているというわけです。**魂レベルでは、一度に多数の上映中の映画を観ることができます。例えば、輪廻転生のすべての映画、過去から現在までの多くの転生の人生を一度に観ているのです。それらの映画は一度に同時に映写されていることが、魂レベルの高次元からは見て取れます。

この物的次元において最も大事なことは、ありとあらゆる経験を実際にしてみることです。その経験を通して見識を得て、意識的に成長していく糧にするためです。そのために並行現実という舞台を用意したと考えられます。現実を改善しようとして、意識を外に映し出した周りの環境、人、物事を変えようとしますが、それは外に映し出されているだけのものですから、それをいくら操作しようとしても現実を変えることはできません。それは内界のものを外に映し出したものなのですから。

そうであるからには、現実を変えるには意識のあり方、つまり思考、想念、感情を変え、行動するしかないわけです。それらの変化に伴い現実も変わります。

通常、私たちは現実が変わるというと、今の現実が変わってほかの現実になると考えます。**前にも述べたことですが、真相は、今の現実が変わるのではないのです。現実が変わるとは、すでに存在している他の並行現実に移ることを意味します。**元の並行現実はそのままあります。あなたにとって望ましい、新しい現実に移ったのです。その現実はあなたが移る前からすでに存在していました。しかし、あなたの意識の範囲には入っていなかったのですが、それはあなたの周波数がその新しい並行現実と共鳴するだけの周波数になっていなかったのが原因です。

あなたが新しい考えと気づきを得て、意識が変わり、それにつれて周波数も変わったので移れたのです。このように、意識のあり方の変化、周波数の変化につれていろいろな並行現実に移動し、それらの現実を体験するということ、そのためにあなたの並行現実がすでに全部用意されています。

予言者や超能力者は、あなたがまだ経験してはいない並行現実を見て、あなたの将来はこうなると言っているだけと考えてください。意識は移ろうものですから、確定的なものではありません。今の意識の動きの慣性から見てそうなるであろうといっているに過ぎません。自分でも、ある程度自分はこうなるのではないか、というイメージを抱くときは、睡眠中か無意識に他の並行現実を見てその印象が心に残っている、だからそういうおぼろげな予見を抱くのです。

すでにそういう並行現実は存在しているのだということ、そこが私たちの日常感覚とは大きく異なる点です。高次元世界にはすでに高次の自己が存在しているのと同じ現象といえます。ある程度の信ぴょう性をもって考えられる、イメージできるものはすでに存在するのです。**逆に存在しないものは、イメージしたり、考えたりできません。**

宇宙はあなたの意識をすぐにコピーし、外の環境として象徴的に映し出し、また宇宙の量子的な働きでスーパーコンピューターのようにあなたの可能性を徹底的に追求します。その可能性のすべてをシミュレーションし、プログラミングを一瞬のうちにやってしまうからこのようなことが起きるのです。このことは、あなたの意識の中にはすべての並行現実を経験することを可能とする周波数が潜在していることを意味します。

いずれにせよ、外界を変えるのは自分の意識のあり方を変える、波動を変えるしかないこと覚えておいてください。自分が変わることによって初めて人も環境も変わるということを――。

ここでまず、**自分を本気で変えたいと本当に思っているのかが大事なところです。**ここは非常に大事なところですから、充分に時間をとって本気で何をどう変えようとしているのか、どうなりたいのかを自分に問うてみてください。いろいろと他の人に聞いてみたり本を読んだりする人は多いのですが、本気で自分を変えようとしている人は大変少ないからです。

決断し、変えるには、考え方を変えるだけでは不十分で、エネルギーが弱すぎます。毎日の集中と継続と行動を伴って初めて十分な周波数の変化をもたらすことができます。**実際には、新しい考えと、それにまつわる行動が自然にできるようになって、つまり新しいあり方が身について初めて古い自分を解き放てるでしょう。**そこで初めて、あなたは変わったといえるのです。新しい自分、自分らしい自分を得たという喜びがそこには伴います。

これまでは、一つの現実から他の並行現実へと移動する、シフトしたという表現をしてきました。そこで、あなたの並行現実はどこにあるのかという疑問が湧き上がるかと思います。並行現実をつくり出したのは自分の意識です。意識は自分の外にあるのではなく、自分の内にあります。そうしますと、並行現実は自分の意識の中でつくられたものであり、移動は意識の中での変化である、何か時間をかけて自分のいるところより遠くの他のところに行くのではありません。**すべては自分の意識の世界にあり、あなたはどこにも移動し**

ません。つまり、すべては意識内で起きている現象なのです。意識内で起きている現象を自分で起こし、自分で経験していることになります。

森羅万象は意識の中で起きている現象であって、創造＝根源エネルギーの意識を反映、投影したものがこの宇宙で起きている総体なのです。根源エネルギーのホログラム（どんなに細分化してものであっても元の情報のすべてを有している立体構造体）である**人間も自らを映し出す能力**を持っていて、周りの現実はその結果としてある現象です。つまり、自分の見聞きする、触れることのできる現実は内側が外側に象徴的に映し出されたもので、内界と外界の境界もなく、各々の人間は自分独自の個別な宇宙をつくっているのだということもできます。

仮想現実について

あたかも現実のように見えているが、つくり物の現実を仮想現実としてここでは定義しておきます。この世＝三次元は鏡の中の世界、映画の中の世界のようなものだと前述しましたが、この世が現実だと考えるように集団意識レベルで合意している、大前提としているわけで、それに疑いを持つ人はいません。それはあまりにも現実的でリアルですが、**い**

かにも現実であるかのように映し出しているだけの世界なのです。近年、理論物理学者の中にもこの世は仮想現実だと主張する人が多くなっています。

この世を仮想現実だとすれば、魂レベルからすれば高次元の世界での人間の体験のほうが現実で、この世の体験はリアルなものであっても、実相は夢のような仮想の世界なのです。この地球上にいる私たちの肉体、土地、岩石、動植物など、この地球の物的存在はすべて三次元の仮想現実の中にあります。

私たちの今いるこの現実が仮想なものであると、どうしてそういえるのか、日常感覚からすればあり得ない、と思われるに違いありません。多次元の章の中で、三次元、四次元、五次元、六次元との関係においてその理由を説明しましたが、三次元は単純なものではなく、とても込み入った複合体とでもいえるものです。

最近よく言われ始めた、メタバース＝三次元の仮想空間とは、人間はこの現実世界に肉体を置きつつ、あなたの化身が活動、体験する空間のことを指します。それになぞらえて説明するならば、この三次元世界は、四、五、六次元の共同作業で四次元の巨大なスクリーンに干渉波を生じさせ、そこに光を当てて光の身体のホログラム（幻影、アバター、化身）をつくり、それが振動数を低下させて結晶化、人間の肉体となり、それらが存在する世界です。同様に、三次元世界のすべての物的存在、海、大地、惑星、動植物などもつくり上げ、存在させている世界です（それらの物的存在の光の身体はそのまま高次元に存在しています）。**三次元世界の物的存在が幻影であるならば、実体はどこにあるのかといえば、それは四、五、六次元にあります。**この三次元世界は、四次元以上の高次元世界にいる魂、またそれよりも上位にいる大いなる魂レベルによってつくられました。その高次元からすると、三次元は仮想の世界といえるのですが、それは高次元の存在があって初めてわかることです。そして**その仮想の世界にいる人間が、さらに自分たちの仮想現実＝メタバースをつくりつつある、**というのが現在の潮流にあるということになります。

物的次元にいる人間は、それまで経験してきたこと、自分が光の高次元からやってきた光と愛の存在であること、本質は魂であることを忘れることを通して、この三次元を経験し、それらを次第に思い出すことがこの三次元の目的の一つです。今までの経験、知識を覚えていれば、この物的世界での第一歩からの学習、修行にはなりません。自らの化身をこの三次元に存在させ、並行現実をつくることで数えきれないほどの舞台設定が可能となり、できるだけ多くの体験ができる、そういう設計になっているのです。

高次元世界では、同じような意識水準の人々がそれぞれの環境をつくって暮らしています。それに対して、この物的次元はいろいろな次元世界から来た人が混じりあって生活しているわけで、それゆえに様々なドラマが展開されるであろうことは容易に予見できます。

高次元とは違った趣の、幅広い経験ができるというメリットがあります。高次元社会にも多様なレベルの振動数の世界があり、それらの世界の人たちがこの三次元世界で混在して生活していくには、仮想現実という世界をつくる必要があったのです。そのままでは、振動数の違いにより、同じ世界に暮らすことができないからで、実験場としての仮想世界がつくられたのです。私たちはその実験台にいるような存在といえます。

光の存在であることを忘れることで、いったいどうなるか、これは一つの実験でした。この三次元世界を選択するということは、強い意志と勇猛心が必要であることはわかってはいましたが、予見されたよりはるかに過酷な厳しい日々が待ち受けていたのです。

それは、光の存在たることを忘れると人間はどうなるのだろうか、見てみようというものでもありました。**苦難な日々の中で、自分は光の存在であるということを選び取るのか、それ以外の存在だと自分を認識するのかという実験です。**

今、この地球上にいる私たちは多くの転生を経ながら実験的な仮想現実の中で生活してきたのです。もう余りあるほどの苦労を重ねてきました。これ以上、この地球の三次元世界にいる必要はなく、もう卒業して大いなる魂の待つ高次元の光の世界へと遡上する時であり、そういうふうに私たちは運命づけられています。現在、すでに地球自体も三次元から五次元に向けて次元上昇中であり、それにつれてこの地球の三次元レベルの振動数が加速的に上昇しており、より高振動数の地球がある並行現実に次第に移行している過程にあるのです（地球にもあまたの並行現実がすでに存在しています）。

第十五章　高次元と物的次元の時間

なぜあえて時間に関することを取り上げるのかといいますと、高次元と物的次元では時間が異なり、高次元と物的次元を分かつ大きなファクターだからです。並行現実が時間という錯覚を生むもので、また時間が三次元世界の特徴を成すものとして、人間の存在のあり方、機能の仕方にダイレクトに関与しているからでもあります。

時間と空間について、それまで絶対的、永遠のもの、変化しないものと考えられていたものがそうではなく、伸び縮むことを明らかにしたのはアインシュタインでした。二十世紀初頭に相対性理論を発表し、その中で時間に関するそれまでの意識を根底から覆したのです。

高次元は時間と空間を超越している世界です。すべて瞬間的に起きる世界ですので、時間や空間は意味を持たないのです。そういう意味では、時間は止まっている、または時間はないとも表現できるでしょう。この物的次元においては、何をするにせよ時間がかかります。しかし高次元においては、どこに行くにしても自らの周波数を変えるだけで瞬間的に目的地についているのです。自らは移動をせずに、動いてもおらず、周囲の現実、環境が周り舞台のように瞬時に変わります。つまり、意識の変化が瞬時に外界の変化へと連結します。

物的次元の感覚だと、どこかに行くのに時間をかけて空間を移動しなければならないのですが、高次元は、意識を変える、目的地にいる自分をイメージし、それが本当になると信じられればいいだけです。このことからだけでも、三次元がいかに制限の強い、不自由な次元であるかがわかると思います

宇宙のあらゆるものは波動＝周波数から成っています。その周波数がすべての性質、機能（エネルギー量、温度、色、輝き、硬度、時空、情報量、感情、活性度、生命力、精神性等）を決定しているのです。すべてのものは、周波数から成る関数を持つ式で表示できます。その周波数を変化させることで、時間、空間の変化が生まれます。ある物質や生命体はある時間、空間の中にポンと外から置かれているのではなく、物質や生命体自体が時空を決定するのです、ある生命体の時空に関する周波数を変えてやると、変えられた周波数に共鳴する場所に、まるで時空を移動したかのように瞬時に変わります。ある特定の場所にいるということは、その場所に共鳴する周波数をその生命体が有しているということ

を意味します。だから反面、周波数を変えないと移動できないのです。

元来、時間というものはありません。なぜかというと、宇宙は、前にも述べましたが、いわばスーパーバイオコンピューターのようなもので、あらゆる可能性を徹底的に追求しようとし、シミュレーションを一瞬のうちにやってしまうからです。つまり、時間が一瞬のうちにあり、時間がかからないのです。昨今、コンピューターと勝負する将棋やチェスゲームがありますが、コンピューターはあらゆる手、組み合わせ、展開を瞬時にシュミレーションしています。それと同じだと考えられます。データ量や判断する時間のレベルは桁外れに違いますが。

今この瞬間を違う観点から、つまり一**瞬ではなく、時間をかけて一つひとつ順番に経験するための直線的時間軸**を四次元の下部局面、三次元に存在する人間の意識、自我の働きの中につくり上げました。一瞬のうちに行ったことを、改めて時間をかけて一つひとつ順を追っていくとすれば、その間の経過がわかりやすくなり、原因と結果との関係が理解できます。そのことが可能となる時間、空間に制限された時空をつくり上げたのです。一点に凝縮したものを拡げてみる作業のようなものです。そういう世界に今私たちはいます。

ここで、今までに記述したことと少し重複しますが、高次元と物的次元の時間にまつわる事象について対比的に考えてみましょう。

高次元世界においては、時間という枠組みはありません。たった一つの今があるだけで、それ以外の瞬間は今までもなく、これからもありません。魂はすべてを一瞬として、また一瞬で知覚認知します。直線的時間軸でいうところの過去、現在、未来は、高次元からすれば同時に見えていて、それらを体験できますし、原因と結果が一瞬に生じています。全部が同時に見えますし、現在していることと、それに関連し、連動する過去、未来も変わるのが見えます。**簡単にいえば、高いところからすべてが一望のもと、同時に見えているということです。**

一方、物的世界では、何をしても時間がかかります。この次元では、原因によって結果があり、一つひとつ順を追って経験するその間の経過があり、それが過去、現在、未来という一方向の直線状の時間軸を生じさせているのです。順を追って経験する際に感じる時間感覚は、肉体の感覚器官によってつくられた錯覚です。肉体的な感覚器官は一度に少しずつしか知覚できません。一つの瞬間と次の瞬間が違う時間のように見える、アニメの劇画のように細切れに続々と現れることで、時間が経ったような感じになるのです。**実は、瞬間が次々とあなたの意識の中を通過して、実際に、現実的に時間が経ったという感覚を生みだしているだけです。あなたは少しも動いてはいません。**

魂は、この物的次元で活動するために自己の一部を自我という精神作用に変えました。

魂の振動数を減じ、三次元感覚の現実感を持つ自我は、いわば高次元からこの物的な三次元に配置した三次元限定の精神機能であり、現実検討能力を持っています。この自我の働きなしにはこの世でまともな生活を営むことはできませんし、一部の精神障害者のように混とんとした現実感覚しか持てなくて、廃人のような生活か、一生施設での収容生活になってしまいます。

自我は物的次元の存在なので、広範囲に見通せる魂とは違って、過去と、現在のことはわかりますが、未来のことは見通せず、これは魂の働きに任せねばなりません。人は自我のレベルでこれからのことをあれこれと考え、思案しますが、徒労で、そして間違うことが多いのです。自我にとって過去、現在、未来という時間的枠組みは現実味があります。この物的次元での経験がリアルなものと感じられるのは、自我の機能によるものです。それゆえ、この次元が仮想現実とはまず気づきません（この自我は死後その働きを終え、次第に消滅していきます）。

では、何ゆえにあえてこの地球の物的次元に時間という枠組みをつくる必要があったのでしょうか。

1）原因と結果が同時に生じる高次元的な方法によらず、原因があって、その作用があって初めて結果があるというふうに、時間がかかると原因と結果との因果関係をよく理解できるため、そしてそのことを生活の中で生かしていくため。

2）この次元では、自我の働きがあるために、時間を一方向にだけ流れる直線的なものであると捉え、そして経過を過去、現在、未来に分け、また自分が今一つの生を生きているという認識が生まれます。しかし実相は、今までに書き記したように、あなたはあまたの並行現実を今同時に生きており、その一つひとつの並行現実にあなたとは少し周波数の違うあなたの分身がいます。あなたが今いる世界も並行現実の一つです。一つひとつの並行現実を体験していく、つまり並行現実を意識の中でシフトしていくことが時間という錯覚を生んでいるのです。現実には、今あまたの並行現実があり、今という時間だけでは混乱するために、過去、現在、未来という直線的時間軸をつくって、物事を時間ごとに振り分けることで整理することができます。そういうことから、直線的時間軸という枠組みがつくられたのです。

輪廻転生と時間

なぜここで輪廻転生を時間という観点から取り上げたのかといいますと、私たちの今までの理解の仕方とは輪廻転生の実相が全く違うからです。ある人生が終わって次の人生が始まり、また次のというふうに次々と人生が時間の経過とともに繰り返されるのが輪廻転生であるとの理解は、この三次元の直線的時間軸に沿ったものでしかありません。高次元からすれば、すべての転生は同時進行して展開しているのです。

自我はこう考えています。今の人生の前に別の人生があって、そして死後また新しい人生が始まるというふうに一つずつが繋がっているものと。自我にしてみるとそう考えざるを得ないのです。

しかし、一つの人生が終わって、また新しい人生が始まるという転生はありません。実相は、今すべての人生が同時進行的に並行現実の中で起きています。高次元のように今起こっていることのすべてを見渡すのとは違い　物的次元においては物事を一つずつ順を追って体験していきます。わかるのは過去と現在のことだけで、今後はどのようになるのかはわからないという、集団意識で決めたこの世のルールが無意識のうちにでき上がっているのです。一寸先のことはわからないゲームになっています。

話は脱線しますが、この地上の設定条件が大変過酷なもので、自分がどこから来て、どこに行こうとしているのか、その設定の中でどのように自分を見出していくか、どう自分を認識しつくり出していくかは大変つらい実験になるだろうことはわかっていました。様々な試練、苦難が襲い掛かり、それを一つずつ克服していく、そういう意味からも、この地上世界が高次元の者にとって学校、研鑽の場、修行の場であり、そこに物的次元の意義があります。

この物的次元に誕生することは容易なことではありません。というのも、この地球上に生まれることを希望する多くの魂があります。特に今という時代が地球の次元上昇という稀有な時に当たりますので、その時期を地球で経験したいという願望を持つものが多く、一層そうなのです。今この世にいる私たちは、そういう意味では非常に幸運といえるでしょう。とはいえ、この次元に生まれて来るには、大いなる勇気と忍耐力と、挑戦するスピリットとが必要であり、この次元にいる人たちは勇者です。そういうふうに考えてみてください。

時間軸があるおかげで、同じ時代、環境に生まれ変わることで、人生をやり直す経験をすることもできます。しかし、何度も同じ時代に生まれ同じような人生を繰り返して、それに気づかない人も多くいるのです。仮想現実から抜け出せないでいる状態といえます。その解消のためには、他の世界、次元があるのだと、また何度も転生をする必要はないのだと知る必要があるのですが、まだそこには至っていないのです。

時間は、意識がつくりだした二次的、派生的な副産物であり、物事の本質的なものではなく、創発的なもので、意識、次元によって変化します。今まで、私たちの転生についての考え方は、自我に基づく直線的な時間軸に沿った解釈でしたが、高次元からするとすべての転生の人生が同時に進行しているのだということが、転生についての実相を捉えた理解です。

第十六章　意識の低下とともに起きた変化

レムリア大陸、アトランティス大陸の沈没（大まかにいって今から約一万年前）後、地球上の人間の意識の周波数が大きく降下しました。そのようなことをそれまでも人類は何度も経験していて、多くの文明が興隆滅亡していきました。意識レベルの降下とともに能力も廃れていったということなのですが、それは大変な違いなのです。意識の低下ということで、そんなに際立った変化が生じるのか、それは驚くべきことで、私たちの記憶からすっかり消し去られてしまいました。

天賦の才能を地球上の人間は濫用し始め、無条件の愛と受容という意識レベルから次第に離れていきました。差別、競争、優劣、嫉妬といった低振動の意識レベルのあり方へと変化していったのです。その結果、人間は才能を行使することもできなくなりました。そして、本来の人間のあり方へと戻る、長くて苦しい旅を歩み始めたのです。それが人間を救い出す唯一の道であり、そのプロセスのなかで多くの知恵や知性も獲得しつつ、現在に至っているわけですが、今後一気に高振動の意識状態――本来の人間の状態に戻る超特急の帰路に私たちはいます。

太古の人々は、誰もが五次元と三次元の間を行ったり来たりすることができました。その当時、五次元で振動する意識レベルにあった地球（現在は三次元と四次元の混合振動域）に住む人たちも同じ意識レベルにあり、自らの意識で濃い密度の物的身体に振動数を下げることができ、また光の身体に戻ることができたのです。

意識の低下とともに起きた変化とは何か、そしてどういう現実認識になったのでしょうか。物的次元と高次元の意識を最後のまとめとして、以下、列記します。

物的次元の意識

一、この物的次元の世界しか存在しない。

二、誕生も死もこの肉体とともにある、意味もなく漂う存在。

三、病気や貧困に苦しむ、生きていくのに精一杯のとるに足らない存在。

四、偶然、意味もなく受精卵が生育してこの世に放り込まれた存在で、生存競争の果てに死んでいくだけのはかない生物。

高次元の意識

1、私たちの正体は、根源エネルギー体の神聖な光の合成体として創造された意識体――魂。

2、何人も聖なる出自を持ち、光輝ける身体と能力を持つ宇宙的存在。

3、物的次元にいる私たちは、エネルギーを劇的に低下させた状態にあるが、今、あなたがどういう状況に、どういうあり方にあろうとも、大いなる自己――魂につながる神聖な光の存在であることに変わりない。

4、長い時間を経て、高次元、高エネルギー界から次第に降下してきた存在である私たちは、高次の意識や能力を高次元に預けたまま、エネルギーを意図的に減じている存在。

5、私たちが忘却したことを思い出し、知る、気づくことを通じて、三次元の周波数の制限から五次元の意識と無条件の愛と受容に進化し、その周波数を保持することができるようになる。そして私たちの身体も現在の高濃度と低周波数を削ぎ落とし、高波動域の光の身体に移行する。

第十七章　波動を高めるために

今までの記述から、波動を高めることがいかに重要なことであるかを理解していただいたと思いますが、そのためには毎日の絶えざるルーティンワークが必要です。何をすればいいのか、どういう心の姿勢を保てばいいのかについて、箇条的にまとめてみました。

波動を高めて自分を変え、新しい自分になる、なりたい自分になるためには、集中と継続と毎日の積み重ねなしに現実化することはできません。以下のことを毎日のルーティンにすることをお勧めします。

1）適度な運動をする習慣をつけてください。運動をすると全身が活性化し、体が軽くなり、気分がスッキリします。これは、振動数が上昇した証拠です。血液の循環がよくなるのと、気分がよくなる神経伝達物質セロトニン、ドーパミンが脳の中で分泌され、脳の回路が新たに築かれるからです。また、運動には抗うつ作用があります。うつ病の治療に日光療法があるくらいですから、もやもやした気分のとき、憂鬱なとき、またそうならないように習慣的に運動をして日光にも当たることをお勧めします。週三回、一回四十五分くらいを目途に、少し息が上がるくらいのウオーキングをしましょう。

2）生命エネルギーであるプラーナがあなたの周りを囲み、いつもあることを意識しましょう。それを頭部の頂点にあるクラウンチャクラから吸収し、股間の仙骨部まで脊椎の前を通るプラーナ管から全身に運ばれるのをイメージしてください。これがしっくりこなければ、大きく息をしてプラーナを肺から吸い込み、肺の中の自分の負のエネルギーを息と一緒に吐き出すイメージで行ってください。プラーナが生命エネルギーであると意識することでも、あなたの中をプラーナが流れやすくなります。プラーナはチャクラや血液を通して細胞やＤＮＡに取り込まれ、それらを活性化し、あなたの波動を上げます。プラーナなしにはあなたは生存できません。それほど生命には必須のエネルギーです。

3）波動を上げるには、何よりもまず生命力を上げなければなりません。折に触れ、体の中心部をプラーナという光のエネルギーが流れていることをイメージしてください。また、高次元から燦燦と生命の光があなたの全身を包むように注がれていることをイメージしましょう。その光に浸ってください。ただのイメージかと思われるでしょうが、高次元においてのイメージは、この次元の行動と同じ意味を持っています。

4）生活をシンプルにしてください。自分にとって何の役にも立たないことや人間関係にやたら時間を浪費し、忙しくしないこと。群れないこと。他の人に期待することを捨てましょう。

5）自分の良いところも悪いところも認め、受け入れてください。そして自分にあまり厳しくしたり、責めないで大事にしてください。自分を愛して受け入れたぶんだけ、宇宙の愛と生命のエネルギーを受け取ることができるようになっています。今のままの自分を認めれば認めるほど、あなたに光が降り注ぎ、吸収され、そしてあなたは光を放ち波動が上昇していきます。

自分は光の存在であることを事あるごとに思い出しましょう。あなたは卑小な存在ではありません。あなたはつまらない存在ではありません。聖なる出自を持つ、この世界をほんのわずかの間、肉体をもって旅する根源に繋がる光の生命体なのです。あなただけではなく他の人も同じ光の存在で、同じ大いなる魂から分かれた存在です。自己表現の仕方が違うだけです。そのことを意識の底にまでしみ込ませるように理解しましょう。

5）あなたの最初の関係は自分自身との関係です。自分のことをどのように捉えるのかが決定的に重要なことなのです。自分のことを光の存在として受け入れるか、自分が価値のない存在として考えるのか。その捉え方を見事に反映する現実があなたの環境になるからです。価値のない存在と考えれば、それが正しい考えと証拠立てる物事が次々に起こってきます。光の存在と考えれば、それを支持する環境があなたを包みます。宇宙空間は精緻なコピー機だということです。自分の放射した波動を象徴的に映し出します。まず自分のことを大事に、慈愛を持ち、愛することから始めましょう。

6）あなたに起きてくることは、あなたを高めるために起きていることで、そのためにデザインされていることです。あなたにとっては望ましくないことが起きるかもしれませんが、それはあなたの成長のためにあなたが引き付けたもの、魂レベルで手配したことです。試練にあるときも、自分の波動と関係ないことが自分に振りかかることはないと知って、困難な事態を受け入れ、逃げないこと。

8）なんで自分の身にこんなことが起こるのかと嘆くことがあるかと思います。すべてのことには何らかの意味があり、配慮があり、配剤があるのです。すべては計画されています。すべて起きていることはあなたの成長の過程で必要なことなのだと思ってください。

あなたに起きることはすべてあなたにとってはチャレンジです。自分が成長し、意識的に高くなるために常にあなたにやってきます。あなたはこの世に遊興にやってきたのではありませんから、これは至極当然のことなのです。課題を克服するたびに、あなたはあなたがなりたい自分に近づいているのを発見します。そのことであなたはより自信もつき、喜びを感じるようになり、波動が一層高くなります。

9）自分のことをつまらない、何もとりえのない人間だと思い自分が嫌になることがあると思いますが、そんな時は**大きな声で明るく**「自分はダメな人間だ」と三回叫んでください。そうすると不思議に自分は実はそうではないと思えるようになります。ネガティブな考えの力が弱まるからなのです。何事もうまくいかないときには**大きな声で自分のことを明るく笑い飛ばしてください。**

10）成長の途中にある私たちは不完全な存在ですが、高次元にいる自己は完全な光り輝く存在としてすでに存在しています。その存在はいつか私たちが自己の波動を上げて融合することを待っています。しかし、この三次元の毎日の生活においては、ありのままの自分では価値がない、愛に値しないと思い込み、その埋め合わせのために他の人からの愛情を探し求めてきました。でも、不完全な今のありのままのあなたで愛に値する存在であり、そのことを受け入れることが何よりも大事です。**不完全を愛するということです。そのことは、他の人も不完全でありそれを認める、受け入れる、責**

めない、許すということを意味します。そうすればあなたにパワーが宿ります。活性化する生命の光、プラーナがどんどんあなたに流れ込みます。不完全を愛することで波動も飛躍的に上昇します。不完全であればこそ、成長や進化があります。

11）人間関係の中であなたは自分がいかに至らない人間であり、つまらない人間と思うことが多々あるに違いありませんが、不完全なあるがままの自分を愛すること、慈愛を持つこと以外に自分が成長する道はありません。プラーナは無条件の愛の光のエネルギー、それは根源のエネルギーを反映したもの、あなたが自分を愛し、受け入れれば受け入れるほど根源の愛の波長と調和するために、光があなたにあふれ波動が上昇します。

その愛以外のやり方で生きようとすると、天の流れに逆らっている状態、つまりあなた本来のあり方ではないがために、それを反映する困難、苦悩をつくり出します。**愛に基づいて選択すること、愛に基づいて行動することこそが波動を上げる普遍的な方法**であることは永遠に変わることはないのです。人は、その出自も、根源の波動も愛の波動であり、このことは人の本質を貫く法則であって、それ以外の方法で波動を上昇させることはできないと折に触れて意識に浸透させていきましょう。

おわりに

本書はほとんどの読者にとって、今まで考えたことも聞いたこともない、新しい情報があふれていたと思います。

やたら世離れした、壮大な内容が続き、あまりにも一般社会通念と違うため、かなり戸惑われたでしょう。高次元社会がいかにおとぎ話や魔法の国のような様相を呈しているか、そのほんの一部を記述できたにすぎませんが、驚きをもって受けとめられたに違いありません。

高次元世界が私たちの故郷であること、人間はおしなべて肉体と五～九次元の光の身体が合わさった存在であること、私たちの本質は光の存在、魂であり、光の合成体であることを理解していただくための情報を提供したのですが、少しは得心していただけたでしょうか。

物的世界がいかに高次元世界と違うのか、これは現代に生きる者にとっては必須というべき知識です。地球自体が急速に次元上昇している時代にあるからです。新しい情報の意味することを深く感じて、意識にしみ込ませてください。自らが光の聖なる領域の出身であることを理解し、そのことを受け入れれば、人は次第にそのような存在にふさわしい振る舞いをするようになりますし、他の人に対しての考え方も変わっていくことと思います。新しい考えがあなたをリフレッシュし、よりパワフルにしていきます。あなたの周波数が上がったからなのです。自分が気づかないうちにあなたは変わっていくことでしょう。自分がつまらない、卑小な人間であると思い込んでいれば、あなたはそのような人間になっていくだけです。

自分が光の生命体であることを受け入れ、認識し、信じることができるにつれ、あなたの振動数は飛躍的に高くなります。なぜかといえば、その認識は真実であるからです。そして、以前より一層自然に愛に基づいた選択、考え、行動をしていくことができ始めるでしょう。そしてそれがあなたの自然となり、喜びと深い安らぎと静謐さに満たされた心境を獲得していくことになります。

毎日の生活、仕事、人間関係の中で、葛藤や不安、惨めな心境や欲求不満などを抱くことがよくあると思います。そんなときこそ私たち本来の姿を思い出して、そこから諸事の解決を図ってください。本書の新しい情報を何度も自分の中で反芻して、その意味することを意識の中に取り入れることで、自信を感じ、パワーが自然と沸き上がる自分を見出すことができるはずです。

高次元世界は私たちの故郷であり、悠久の年月から見れば、地上の人生はほんの一瞬のことです。この物的次元——三次元に自らのエネルギー水準を降下させて、一つの枠組みの中、仮想現実の中に私たちは今いますが、仮想現実であるこの世のことで、そんなに深刻に考えなければならないことは何もありません。あとから見返してみたときには結局はどうでもよかったことばかりです。すべてはなるように自分の中を流れていくと捉えて、捕まらない、囚われないことです。

自分が本当は何がしたかったのか、どういう自分になりたいのか、自分がどうありたいのか、得心の行くまで突き詰めて考えてみましょう。そしてその際に、今までの役に立たない、時代遅れの思考パターンを手放してください。

新しい考え、新しい観点を獲得することで、新しい自分を見出すことに本書が少しでも助けになればと願います。

最後に、本書の刊行にあたり、たま出版編集長の中村利夫様には格段のご配慮、助力をいただき、紙面を借りて感謝申し上げます。

●参考文献

『魂の真実』木村忠孝著（たま出版）
『あの世への科学の扉』木村忠孝著（たま出版）
『魂の探求～250のQ&A』木村忠孝著（東洋出版）
『驚異の高次元世界』木村忠孝著（たま出版）
『プレアデス　光の家族』バーバラ・マーシニアック著（太陽出版）
『プレアデス+かく語りき』バーバラ・マーシニアック著（太陽出版）
『プレアデス+地球をひらく鍵』バーバラ・マーシニアック著（太陽出版）
『黄金の約束　上下』ロナ・ハーマン著（太陽出版）
『光の翼』ロナ・ハーマン著（太陽出版）
『天国の真実』スザン・ワード著（ナチュラルスピリット）
『ハトホルの書―アセンションした文明からのメッセージ』トム・ケニオン／ヴァージニア・エッセン著（ナチュラルスピリット）
『光の手　上下』バーバラ・アン・ブレナン著（河出書房新社）
『超巨大「宇宙文明」の真相』ミシュル・デマルケ著（徳間書店）

『聖なる探求　上下』ロナ・ハーマン著（太陽出版）
『宇宙セントラルに吸い込まれる地球　アセンションの超しくみ』サアラ著（ヒカルランド）
『プレアデス　覚醒への道』アモラ・クアン・イン著（太陽出版）
『プレアデス 人類と惑星の物語』アモラ・クアン・イン著（太陽出版）
『キラエル―レムリアの叡智とヒーリング』フレッド・スターリング著（ナチュラルスピリット）
『レムリアの叡智』オレリア・ルイーズ・ジョーンズ著（太陽出版）
『プレアデス　銀河の夜明け』バーバラ・ハンド・クロウ著（ナチュラルスピリット）
『物理小辞典』松田卓也監修（三省堂）
『霊界通信　ベールの彼方の生活1～4巻』G・V・オーエン（潮文社）
『月刊 Newton』（株式会社ニュートンプレス）
『浅野和三郎著作集1～6』浅野和三郎著・訳（潮文社）
『プラズマの科学』河辺隆也著（日経サイエンス社）
『プラズマの世界』後藤憲一著（講談社）
フリー百科事典「ウィキペディア」他

〈著者プロフィール〉

木村 忠孝（きむら　ただたか）

1954年生まれ。医師。
北海道立札幌医科大卒。日本、アメリカでの臨床験を経て（内科・救急医学・精神科・心療内科）、現在、北九州市春日病院院長。
著書：『魂の真実』（たま出版）
『あの世への科学の扉』（たま出版）
『驚異の高次元世界』（たま出版）
『魂の探求～250のQ&A』（東洋出版）

ここまでわかった高次元世界

2023年2月18日　初版第1刷発行

著　者　木村 忠孝
発行者　韮澤 潤一郎
発行所　株式会社 たま出版
〒160-0004　東京都新宿区四谷4－28－20
☎ 03-5369-3051（代表）
FAX 03-5369-3052
http://tamabook.com
振替　00130-5-94804
組　版　マーリンクレイン
印刷所　株式会社エーヴィスシステムズ

ISBN978-4-8127-0465-3 C0011